Friedrich Schlegel
Eine Einführung

Berbeli Wanning

Friedrich Schlegel
Eine Einführung

PANORAMA

Genehmigte Lizenzausgabe Panorama Verlag, Wiesbaden

Umschlaggestaltung: Helmut Schaffer
Titelfoto: AKG Berlin
Satz: GGP Media GmbH, Pößneck
Druck: GGP Media GmbH, Pößneck
Printed in Germany
ISBN 3-926642-60-2

Inhalt

1. Einleitung: Kontinuität im Wandel

Wer sich mit Friedrich Schlegel in den verschiedenen Phasen seines Lebens beschäftigt, wird ein stets uneinheitliches Bild erhalten. Viele Brüche und Widersprüche sind charakteristisch für das Leben und das Werk dieses wichtigen Theoretikers der Frühromantik. Schon zu Lebzeiten war er wegen seiner herausfordernden Ansichten einerseits und wegen seines späteren uneingeschränkten Katholizismus andererseits umstritten. Das immer noch provozierende Werk, das wie nur wenige andere zur fortwährenden Stellungnahme herausfordert, hat bis in unsere Gegenwart hinein eine überraschende Aktualität.

Unentschieden, welchem Gebiet er sich endgültig zuwenden sollte, wirft sich Friedrich Schlegel, eigentlich Altphilologe, mit seiner genialischen Begabung auf zahlreiche geistige Betätigungsfelder. Erfolge und Enttäuschungen prägen sein Leben in raschem Wechsel und zeigen die Rastlosigkeit seines Denkens auf. Oft gewinnt man den Eindruck, Schlegel wollte immer und zugleich das Gegenteil dessen sein, was er gerade darstellte: als Philosoph zugleich Dichter, als Historiker zugleich politischer Denker, als Philologe zugleich Kritiker. Eine an den Prinzipien ordnender Entwicklung orientierte Herangehensweise wird zum Wesenskern dieses Mannes kaum vordringen können. Erst hinter der auf den ersten Blick heterogenen Struktur seines Gesamtwerkes wird allmählich ein Zusammenhang sichtbar, der von Zufall und Bewußtheit gleichermaßen geprägt ist. Von hier aus kann eine Annäherung an ein inneres Verständnis gelingen, das die Widersprüche immer mitbedenken muß.

Schlegels Ablehnung rationaler Ordnung im Denken und Dichten ist nicht nur in der frühromantischen Philosophie begründet, sondern drückt sich auch in einem Lebensgefühl aus, das die bürgerliche Existenz im Grunde verachtet. Im Widerspruch dazu steht seine Herkunft aus einer angesehenen Familie, deren Angehörige bereits seit dem 17. Jahrhundert als Geistliche, Literaturkritiker, Dichter, Historiographen und Übersetzer bedeutende Beiträge zur Geistesgeschichte geleistet haben. Im Widerspruch dazu steht das Bemühen des sich häufig in finanziellen Schwierigkeiten Befindenden, einen anerkannten Platz in dieser Gesellschaft zu erkämpfen, was ihm endlich sogar gelang: Zunächst Hofsekretär bei der Wiener Armeehofkommission, machte er schließlich als hoher Beamter Metternichs Karriere. Bis zu seinem Tod 1829 hatte Friedrich Schlegel auf diese Weise eine gesellschaftliche Position errungen, die ihm Ehre und Einfluß sicherte und insofern die Tradition seiner Familie fortsetzte.

Wer nur auf die äußerlichen Lebensumstände achtet, mag den Eindruck gewinnen, als habe sich ein gutsituierter Sproß aus einer bedeutenden Familie, der in seinen jungen Jahren durch unkonventionelle Anschauungen und einen freizügigen Lebensstil auffiel, in seiner zweiten Lebenshälfte zu einem behäbigen Mann entwickelt, der den Idealen seiner Jugend abschwor und sich nahtlos in das Bestehende fügte. Es wäre dies der scheinbar zeitlose Typus, der sich vom jugendlichen Hitzkopf zur etablierten Stütze der bürgerlichen Gesellschaft entwickelt – ein Lebensweg, wie es deren zahllose gibt, nicht nur im 18. und 19. Jahrhundert, sondern auch heute. Doch Friedrich Schlegel bildet eine Ausnahme: Geboren in einer Zeit der politischen, philosophischen und wissenschaftlichen Umbrüche, gelang es ihm, entscheidend Einfluß auf diese Entwicklungen zu nehmen und der Epoche der Frühromantik seinen Stempel aufzudrücken.

Und weil er – anders als sein früh verstorbener Jugendfreund Novalis – auch das Ende dieser Epoche erlebte, wollte er nicht stehenbleiben und mußte sich selbst ebenfalls verändern. Dabei nahm er wenig Rücksicht auf andere, wenn er nur sich selbst treu bleiben konnte. Darunter verstand er allerdings nicht das Festhalten an einem einmal fixierten Selbstverständnis, sondern das Vertrauen in die alles vorantreibende Kraft des Werdens. Diese Überzeugung durchzieht als beinahe einzige Konstante sein ganzes Leben. Sie ist nicht rational zu begründen, vielmehr ein tief verwurzelter Glaube, den der protestantisch erzogene Schlegel auch nach seiner Konversion zum Katholizismus im Grunde beibehielt. Diese unabgeschlossene Kontinuität im Wandel eines unbeständigen Lebens gab dem Menschen Friedrich Schlegel eine gewisse Sicherheit, die ihn unbeirrt einen Weg beschreiten ließ, der ihn unvergleichlich macht.

Als typisches Kind seiner Zeit und sozialen Zugehörigkeit wurde Friedrich Schlegel zu einem überzeugten Anhänger des deutschen Idealismus, der für ihn mehr war als eine philosophische Richtung. Er sah im Idealismus die mythologiengebärende Macht, die Einheit stiften kann in einer zerrissenen Welt. Ihm entstammt die Kategorie des Unendlichen, dieser sehnsuchtsvolle Endpunkt, dem romantisches Fühlen und Denken zustrebt. Der Idealismus soll der diffusen Dreiheit aus Poesie, Kunst und Leben ein einigendes Band schenken, von dem aus eine umfassende Erneuerung der Welt erreicht werden kann. Er tritt der mechanistischen bzw. materialistischen Weltanschauung entgegen. Folgerichtig war der junge Friedrich Schlegel ein ausgesprochener Sympathisant des Philosophen Johann Gottlieb Fichte, dessen fundamentale Schrift, *Grundlage der gesamten Wissenschaftslehre*, 1794 erschien. In euphorischer Überhöhung machte Schlegel in diesem Werk gar eine der »Größten Tendenzen des Zeitalters« (II, 198, 216) aus, zusammen mit der Französischen Revolution und Goethes Roman *Wilhelm Meisters Lehrjahre*. Diese drei Höhepunkte auf philosophischem, politischem bzw. poetischem Gebiet repräsentieren für ihn unmittelbar den Fortschritt.

Fichtes Philosophie ist zweifelsohne als eine der Bedingungen für die Ausbildung der frühromantischen Ideen und Paradigmen anzusehen, wie sie nicht nur von Schlegel, sondern vor allem auch von Schelling, Novalis, Tieck und anderen entwickelt wurden. In Fichtes *Wissenschaftslehre* wird das Ich absolut gesetzt, was dem Streben nach unendlicher Erweiterung des Ich, wie es die Frühromantik kennzeichnet, die philosophische Basis verleiht. Und doch liegt hier zugleich der Keim der Differenz zwischen dem philosophischen Altmeister und seinen jungen Schülern. Im Unterschied zu Fichte vergewissern sich die Frühromantiker nicht durch eine absolute Setzung des Ich über den Grund des Selbstseins; sie halten diesen für ein nicht ausdeutbares Rätsel, das sich nur in der Kunst und Literatur lösen läßt, wenn überhaupt. Schlegel zufolge kann man das Ich in seinem Grund ebensowenig wie das Universum erkennen noch begreifen, sondern nur anschauen und offenbaren. Deshalb kann über das Höchste nur gleichnishaft, in Andeutungen, gesprochen werden.[1] Entsprechend dieser Überzeugung, die ein Grundproblem der Frühromantik darstellt, erhebt Schlegel später heftige Einwände gegen die *Wissenschaftslehre*, die sich gegen die in seinen Augen willkürliche Setzung des Absoluten richten. Mit derben Worten verdammt er die zuvor gelobte und bewunderte Schrift. Sie enthalte nichts anderes als »Einfälle und Erzählungen eines schwebenden, reisend lustwandelnden Mystikers« (XVIII, 35, 175).

Ohne daß wir an dieser Stelle schon den tieferen philosophischen Gehalt dieser spannenden Debatte um die Grundprinzipien der Frühromantik ausloten wollen, kann die oben kurz skizzierte Problemlage als ein weiterer Beleg dafür genommen werden, daß Friedrich Schlegels Leben durch Kontinuität im Wandel geprägt war. Kontinuität deshalb, weil er beständig auf der Suche nach dem Einen war, das er im Werden gefunden zu haben glaubte. Wandel deshalb, weil ihn das Leitbild des Werdens zu verschiedenen Überzeugungen und Anschauungen führte, bei denen Früheres immer wieder dem Späteren weichen mußte oder geopfert wurde.

Diesem Wandel vergleichbar ist seine Haltung gegenüber der Religion, die den vormals überzeugten Protestanten eine ebenso entschlossene Hinwendung zum katholischen Glauben vollziehen ließ. Dabei nahm er weder Rücksicht auf seine Mitwelt, auf die die Konversion eines der führenden Männer der Romantik wie ein Schock wirkte, noch auf sich selbst, als er in eine weitgehende gesellschaftliche Isolierung und beinahe Ächtung ob dieses Schrittes geriet. So interpretierte er selbst seinen Übertritt zum Katholizismus als kontinuierlichen Prozeß[2], als Konsequenz einer Abwendung von dem für die Frühromantik typischen Pantheismus. Dem Katholiken Schlegel mochte die Konversion daher als Fortsetzung seiner kritischen Absichten erscheinen, deren Erfüllung jetzt von der Gnade Gottes abhing. Das führte zu einem Selbstwiderspruch, den er nicht zur Kenntnis nahm. Von einer bruchlosen Kontinuität seiner Entwicklung kann man nach kritischer Prüfung deshalb nicht sprechen, wohl aber davon, daß er allein und unbeirrt seiner inneren Gewißheit folgte.

Das Verhältnis zu August Wilhelm Schlegel, dem älteren Bruder, ist ein Exempel für Friedrichs manchmal rigorosen und rücksichtslosen Umgang mit Menschen. Das Brüderpaar hat sich oft wechselseitig vorangetrieben, viele Projekte wie die Gründung der romantischen Zeitschrift *Athenaeum* gemeinsam verwirklicht und ebensooft in Streit gelegen. Meist siegte jedoch die brüderliche Liebe, die in dem Jüngeren bisweilen die Sehnsucht und das Bedürfnis erweckte, den Bruder zu sehen und ihm nahe zu sein. Als Gast des Bruders in Jena fand er Kontakt zu dem dortigen Romantikerkreis, dessen Bedeutung er bald mit seinen streitbaren Polemiken und selbstbewußten Standpunkten ausweitete. Hier lernte er eine der interessantesten Frauen der Romantik kennen, Caroline Böhmer. Für die alleinerziehende, verwitwete Mutter einer Tochter hegte er eine tiefe Bewunderung und stille Liebe, die er selbstlos zurückstellte, als sie August Wilhelm heiratete. Selbst diese Verbindung konnte keinen dauerhaften Keil zwischen Friedrich und seinen Bruder treiben. Doch zwei Jahre vor Friedrichs Tod brach dieser mit August Wilhelm und versöhnte sich zeitlebens nicht mehr mit ihm. Auch in diesem Fall stellte er die Kontinuität seines sich wandelnden Inneren über jegliche Kompromisse, zu denen man im Umgang mit anderen Menschen oft genug gezwungen ist.

So verwundert es nicht, daß Friedrich Schlegel die Ursache dafür, daß Menschen einander überhaupt verstehen, in den Bereich der Magie rückt: »Daß ein Mensch d[en] andren versteht, ist philosophisch unbegreiflich, wohl aber magisch.« (XVIII, 253, 713) Die Magie rührt hier im Kern von dem frühromantischen Postulat her, daß das Ich den Grund seiner Selbstgewißheit nicht selbst setzen, sondern nur erahnen kann. Jedes Ich durchläuft diesen Individuationsprozeß, und das andere Ich kann, bevor es in der konkreten Kommunikation zum »Du« wird, diesen Prozeß mittels mystischer seelischer Kräfte durch Analogiebildung nachvollziehen.[3] Die – modern gesprochen – Kommunikationsfähigkeit ist also ein Vermögen des Verstehenden, und ein Mißverständnis ist deshalb weniger als Dissens in der Sache denn als Störung der Verstehensbasis anzusehen. Deshalb wird aus der sachlichen Auseinandersetzung leicht eine persönliche, die sich bis zur Krise auswachsen kann, ungeachtet der Vorgeschichte und gemeinsamer Wurzeln, wie sie die beiden Brüder haben. Die romantische Auffassung, wonach sich Subjekt und Objekt letztlich nicht unterscheiden lassen, gewinnt hier Einfluß auf zwischenmenschliche Beziehungen. Indem er an ihr festhält, ist Friedrich Schlegel, der vorgeblich so Unbeständige, konsequent bis in den innersten persönlichen Bereich hinein.

Dahinter verbirgt sich mitnichten die Selbstsicherheit eines Menschen, der stets weiß, was er zu tun und zu lassen hat. Im Gegenteil, gerade der junge Friedrich Schlegel war alles andere als ein ständig tätiger Mensch. Ein gewaltiger Lesehunger, verbunden mit einer rezeptiven Veranlagung, läßt sein Wissen so sehr anschwellen, daß es beinahe in einem umgekehrten Verhältnis zu seiner wissenschaftlichen, philosophischen oder literarischen Textproduktion steht. Eine gewisse Trägheit, den zahlreichen und überbordenden Ideen, über die er verfügt, auch eine angemessene Form zu geben, wirkt sich nachteilig aus. Kaum hat er ein Problem tiefer durchdacht, quälen ihn Zweifel am begrifflichen Vermögen des Menschen insgesamt. So gerät ihm manches Detail zum Grundsatz, und sein sehnlicher Wunsch, das Leben in seiner Vollständigkeit zu erfassen und in seiner innersten Wurzel zu ergreifen (vgl. VIII, 597), führt ihn immer wieder in sinnleere Zirkelschlüsse. Die Erkenntnis, daß das einseitige Begriffsdenken nur zu Gedanken kommt, die am Ziel vorbeigehen, veranlaßt ihn, sich Gefühl und Leidenschaft zuzuwenden. Seine umfassenden Kenntnisse der Geschichte und Literatur kommen ihm dabei zugute, das Menschenleben in seiner ganzen Mannigfaltigkeit zu betrachten. Davon wiederum abstrahierend, stellt er hinter allem nur eines fest, das tiefe Gefühl einer inwendigen Uneinigkeit: »[...] wir sind mit uns selbst uneins; ein tiefer innerer *Zwiespalt* durchdringt das Leben bis in die innersten Elemente, und wurzelt fest darin, herrscht sichtbar im Ganzen wie in allen einzelnen Teilen desselben. Das ist die reine Wahrnehmung des Lebens, der Eindruck, den es jedem hinterläßt; wir sind innerlich uneins, innerlich zerrissen, im Widerstreit und zerstört.« (VIII, 598)

Schlegel gibt diese Weltsicht als einen empirischen Befund aus, dessen Ursache ein ungelöstes Rätsel bleiben muß, wenn sie nicht auf einem anderen Wege als dem des reinen Denkens gesucht und gefunden werden kann. Was sich abzeichnet, ist eine ästhetische Ansicht der erkenntnistheoretischen ebenso wie der moralischen Welt, der Weg der Kunst und Literatur also, der aus den quälenden Selbstzweifeln herausführen und auf diese Weise den inneren Zwiespalt überwinden helfen kann. Wie ein emsiger Kartograph entwickelt Schlegel sodann eine Art inneren Lageplan, aus dem das Wesen des Menschen und seine Eigenschaften abgeleitet werden können: »Verstand und Wille also, Vernunft und Einbildungskraft, das sind die vier entgegengesetzten Enden unsers mannigfaltigen innern Zwiespalts, die vier Grundvermögen unsrer gesamten denkenden und wollenden Kraft; die Elemente unsres Wesens in ihrem gegenwärtigen zerstückten Zustande, oder auch die vier Seiten und Weltgegenden der innern Menschenwelt.« (VIII, 604) In Anlehnung an ein romantisches Grundtheorem, die postulierte Analogie von Mikro- und Makrokosmos, gibt Schlegel eine psychische Orientierung, die der äußeren Ordnung der Welt mit den vier Himmelsrichtungen entspricht. Doch die Aussage über die Gegenwart ist schonungslos: Die vier Grundvermögen des Menschen stehen nicht in Einklang miteinander, sondern sind »zerstückt«. Dieser Zustand fordert unabdingbar die Wiederherstellung der seelischen Identität des Menschen. Und hier entdeckt Schlegel eine weitere Konstante, die sich neben einer fast kultischen Verehrung des Werdens durch sein Leben und Werk zieht: die Liebe, verstanden als innere Liebe und ewige Sehnsucht, aber auch als freie Lebensform ohne gesellschaftliche Zwänge, wie er sie in dem skandalträchtigen Roman *Lucinde* feiert und auch in seinem Leben durch die Verbindung mit Dorothea verwirklicht hat.

Es ist eines der wichtigsten Anliegen der romantischen Poesie, daß der Gegensatz von Kunst und Leben überwunden werden soll. In dem vielzitierten 116. Athenaeumsfragment bringt Friedrich Schlegel diese Forderung auf den Begriff. Er definiert die romantische Poesie als eine »progressive Universalpoesie« (II, 182, 116), worunter ein dynamisch fortschreitender Prozeß mit der Kraft zur universellen Poetisierung von Welt und Leben verstanden werden kann. Die wichtigste Triebkraft dieser Bewegung, die wie ein ungeheurer Schub zugleich die Schranken zwischen den Kunstgattungen und literarischen Formen niederreißen soll, ist die »Willkür«, womit Schlegel die bewußte und autonome, von keiner Fremdbestimmung dominierte Willensentscheidung des Dichters bezeichnet. Schlegels romantisch-poetologische Konzeption basiert auf der Überzeugung, daß die Kunst orientierend wirken kann, daß der Mensch durch sie ein Leben gestalten kann, das sich seinen Wünschen nicht versagt. Er realisiert diesen Anspruch, den er noch in zahlreichen poetologischen Texten näher erläutert, in seinem einzigen Roman, *Lucinde*, der, obwohl ursprünglich größer angelegt und mehrteilig geplant, fragmentarisch bleibt.

Das Erscheinen dieses Romans im Herbst 1799 hatte, wie oben bereits kurz angedeutet, einen ungeheuren Skandal entfacht. Durch bösartige Rezensionen und anonyme Schmähschriften geriet der Text und mit ihm sein Verfasser in Verruf. Einzig der Freund Friedrich Schleiermacher verteidigte das Werk gegen den Vorwurf der Unsittlichkeit in seiner Apologie *Vertraute Briefe über Friedrich Schlegels Lucinde*, die 1800 veröffentlicht wurde. Anscheinend hat unter den Zeitgenossen nur

Schleiermacher die neuen poetologischen Konzepte erkannt, die Schlegel in diesem Roman entwickelt und umgesetzt hat.

Der Roman entwirft ein romantisches Liebes- und Eheideal, das sinnlich-körperliche und geistig-seelische Liebe verbindet und in deutlich geschilderten Passagen der freien Liebe huldigt. Von den Zeitgenossen zumeist als autobiographischer Schlüsselroman gelesen, erkannte man in der Hauptfigur Julius den Autor wieder, und in Lucinde glaubte man Dorothea Veit zu entdecken, die Tochter des Philosophen Moses Mendelssohn. Diese hatte Schlegel 1797 kennengelernt, woraufhin sie sich von ihrem Mann, dem jüdischen Bankier Simon Veit, scheiden ließ. Zwar heirateten Friedrich und Dorothea 1804, aber zum Zeitpunkt des Erscheinens von *Lucinde* galten sie als das Paar, das seine gesellschaftlich problematische Verbindung in aller Öffentlichkeit durch diesen Roman ausbreitete und rechtfertigte.

Dorothea mochte bei dem Gedanken an die möglichen Reaktionen nicht ganz wohl gewesen sein, denn sie schrieb bereits im April 1799 an Schleiermacher: »Was Lucinde betrifft — ja was Lucinde betrifft! – Oft wird mir es heiß, und wieder kalt ums Herz, daß das Innerste so herausgewendet werden soll – was mir so heilig war, so heimlich; jetzt nun allen Neugierigen, allen Hassern Preiß gegeben.«[4] Weil der für die damalige Zeit unerhörte Inhalt die ungewöhnliche und durchaus moderne Form des Romans übertrumpfte, erkannten die meisten Leser die revolutionäre Veränderung der narrativen Techniken nicht, die Schlegel einführte: Die im Roman bis dahin zumeist übliche, durchgängige und geschlossene Handlung wird zugunsten der romantischen Systemlosigkeit aufgelöst. Ordnung und Auflösung sollen sich willkürlich vermischen. Der Romantiker will gar nicht mehr wissen, ob in seiner Poesie unterbewußtes Chaos oder bewußt gestaltende Phantasie vorherrscht. Alles soll sich untrennbar vermischen, es gibt nichts Festes mehr, alles ist im

Fluß. Die offene Form dieses Romans hat deshalb eine heterogene Struktur, die aus Brief, Szene, Erzählung und Reflexion besteht, welche zu einem harmonischen Ganzen zusammengefügt werden. Was die Zeitgenossen offensichtlich mehrheitlich überforderte, wird heute geschätzt. Damit bewahrheitet sich ein Diktum August Wilhelm Schlegels: »Poesie muß immer in einem gewissen Gegensatz zu ihrem Zeitalter stehen.«[5] Die heutige Rezeption sieht mithin in *Lucinde* einen Meilenstein der Romanentwicklung, während die Ursachen des damaligen Skandals nur noch historisch gewürdigt werden können.

Schlegels antiklassische Romantheorie der frühromantischen Phase gab wichtige Anstöße für den modernen Roman bis hin zu Thomas Mann und Robert Musil.[6] Nach 1800 allerdings distanziert sich Schlegel von seiner Ästhetik der Athenaeumszeit, die er in der *Lucinde* verwirklicht hat. Später hält er den Roman als Gattung insgesamt für verfehlt. Diese neue Einschätzung ist im Prinzip eine ästhetische Konsequenz seines Übertritts zum katholischen Glauben, wie im einzelnen noch zu zeigen sein wird. Sein Gespür für moderne Trends scheint ihn verlassen zu haben, denn in der Folge lehnt Schlegel die realistische Kunst des Romans ab, die im weiteren Verlauf des 19. Jahrhunderts so wichtig werden sollte. So gerät er durch seine nunmehrige Rückwärtsgewandtheit in einen umgekehrten Gegensatz zu seinem Zeitalter, dem er sonst oft voraus war.

Auch wenn es im Detail so aussehen mag, als nehme der spätere Schlegel seine früheren Auffassungen wieder zurück, so steht doch hinter der scheinbaren Disparatheit Schlegelscher Ideen und Lehren eine Einheit, die wiederum als Kontinuität im Wandel beschrieben werden kann. Es ist dies der große romantische Grundgedanke von der universalen Poesie, den Schlegel in ganz unterschiedlichen Schriften immer wieder aufsplittert und bis zur Unkenntlichkeit verändert. Gleichwohl kommt er nie von dieser Sehnsucht nach der Universalpoesie los, die sich aus dem einen Urgrund speist, die Kraft und Antrieb der romantischen Denk- und Lebensweise ist. Man kann sie selbst in den Spätschriften erspüren, denn auch nach seiner Absage an den Pantheismus hat der Katholik Schlegel den Wunsch nach der Gemeinschaft mit dem Einen nicht aufgegeben. Er findet dafür allerdings einen anderen Begriff: Gott.

Wie eingangs bereits kurz erwähnt, hat sich Friedrich Schlegel in seinem wechselvollen Leben nicht Phasen unterworfen, in denen er z.B. *nur* Dichter war oder *nur* Philosoph. Das erschwert es, von seinem Leben streng chronologisch zu berichten. Faszinierend ist jedoch gleichzeitig die kaleidoskopartige Perspektive, die man in der Rückschau auf sein Leben und Werk haben darf. Aufbau und Gliederung der vorliegenden Einführung sind deshalb weniger historisch-biographisch als vielmehr systematisch angelegt. Das ausgearbeitete Gefüge soll einen orientierenden Leitfaden bilden, um sich in der vermeintlich chaotischen Gedankenwelt Schlegels zurechtzufinden – ein Prinzip, das er selbst in seinen Ausführungen etwa zur Geschichte bevorzugt hat.

Friedrich Schlegels Leben und sein Werk sind eng mit dem Jenaer Frühromantikerkreis verbunden. Nicht nur seine literarischen und philosophischen Anfänge lassen sich vor diesem Hintergrund beschreiben, es kann auch gezeigt werden, daß das frühromantische Denken auf eine subtile Weise noch Schlegels spätere Werke prägt, selbst nach seiner Konversion zum Katholizismus. Freilich gibt es hinsichtlich der Textgestalt seiner frühen Schriften eine Besonderheit, denn er hat diese eigenhändig für eine spätere Werkausgabe verändert, wovon im folgenden noch ausführlicher die Rede sein soll. Dies zu erwähnen ist auch deshalb wichtig, weil sich in den Zeitschriften *Athenaeum* und *Europa*, von Friedrich und seinem Bruder August Wilhelm herausgegeben, die Entwicklung der epochemachenden romantischen Ideen bereits sehr deutlich zeigt. Schlegels spätere Korrekturen reflektieren diesen Entstehungsprozeß erneut als einen unabgeschlossenen. Die hier und in weiteren Studien veröffentlichten Fragmente bezeugen nach Form und Inhalt, wie sehr er von der Einheit von Sprechen und Verstehen eingenommen war, die für ihn den unendlichen Prozeß der Identifikation symbolisierte. Die Darstellung dieses Grundgedankens erlaubt einen schlaglichtartigen Zugriff auf die Komplexität der Schlegelschen Begriffswelt.

Ein wichtiges Grundtheorem zum Verständnis dieses Denkens ist das vielzitierte Diktum von der progressiven Universalpoesie. Wir sehen Friedrich Schlegel als Ästhetiker und Dichter, der der spannenden und quälenden Frage nach dem Verhältnis von Philosophie und Poesie nachgeht und dabei literarische Formen entdeckt, die in ihrer Modernität über seine Zeit hinausreichen. Entscheidend wird für ihn der Gedanke, daß Poesie nur durch Poesie kritisiert werden kann, daß ein philosophisch-ästhetisches Urteil, das nicht selbst poetisch ist, seinen Gegenstand nicht trifft. Insofern ist seine Dichtung, vor allem der Roman *Lucinde* und das Trauerspiel *Alarcos*, aber auch seine Lyrik, zugleich theoretisches Konzept.

Frühromantische Kunst und Literatur gehen mit der Philosophie des deutschen Idealismus eine enge Wahlverwandtschaft ein. Ohne den Idealismus, und hier insbesondere dessen geschichtsphilosophische und metaphysische Aspekte, ist die Entstehung und weitere Entwicklung der Frühromantik nicht vorstellbar. Friedrich Schlegel fordert als Philosoph und Kritiker, daß die Summe der erworbenen Anschauungen dem Grundgedanken der idealistischen Philosophie unterworfen werden soll. Speziell den Begriff des Unendlichen, der für das idealistische Denken wichtig ist, hat er gewissermaßen dort entlehnt. In der

Bestimmung des Unendlichen sieht er den Ausgangspunkt aller Philosophie. Neu ist jedoch die ästhetische Richtung, die er dem Idealismus durch seine Schriften gibt, durch die das Verhältnis von Philosophie und Poesie anders gedeutet wird als zuvor. Abweichend von Novalis, der die Poesie als Schlüssel der Philosophie begreift[7], und im Unterschied zu Schelling, der in einem seiner Hauptwerke, im *System des transzendentalen Idealismus*, die Kunst der Philosophie klar überordnet[8], ist der junge Schlegel häufig unentschieden, welcher von beiden der Vorzug gegeben werden soll. Eine Beschäftigung mit dieser Frage beleuchtet zugleich Schlegels eigenwillige Stellung innerhalb der romantischen Welt. Dabei bedient er sich einer ambivalenten Denkweise, um sich der perhorreszierten Vollendung zu entziehen, indem er eigene Überlegungen zum Verhältnis von Methode und System anstellt. Unter Methode versteht er dabei die hervorbringende Tätigkeit des Geistes, die als Ergebnis zum System wird. Als Philosoph äußert sich Schlegel vor allem zu Geschichte, Kunst und Literatur sowie zu Natur und Gesellschaft.

Die Kompetenz des Altphilologen prägt Schlegels Historiographien, die sich z.B. mit antiken Persönlichkeiten oder dem politischen Leben der Griechen und Römer befassen, aber auch – gleichsam als Kontrast und Ergänzung – literarhistorische Aspekte berücksichtigen. In sehr moderner Weise äußert sich Schlegel zu zeitaktuellen politischen Fragen. Seine Ausführungen zum Republikanismus beispielsweise stehen unter dem Eindruck der Französischen Revolution: Hier verweist er auf die praktische Gültigkeit der Idee einer Weltrepublik, die notwendig demokratisch sein muß. Diese Auffassung ist zu Beginn des 21. Jahrhunderts wohl ebenso aktuell wie zweihundert Jahre zuvor. Die Besonderheit der historisch-politischen Essays und Analysen, die eher einer bruchstückhaften Sammlung als einem ausgewogenen Ganzen gleichen, liegt darin, daß hier ästhetische

Verstehens- und Deutungsmuster den Blick auf die Geschichte kritisch freilegen. Eine weitere Besonderheit ist, daß Schlegel die vermeintlich unhistorischen philosophischen Theorien wie etwa die Erkenntnistheorie einer umfassenden geschichtlichen Würdigung unterzieht. So versucht er, Phänomene und Individuen jeweils in ihrem historischen Kontext darzustellen, wobei er zugleich viel über den zeitgeschichtlichen Hintergrund seines eigenen Lebens und Denkens verrät. Er bricht mit der Vorstellung, der Historiker müsse einen festen Standpunkt innehaben, und favorisiert statt dessen die Idee, daß dieser in einem unübersehbaren Ganzen, das die Vergangenheit ist, sich und anderen Orientierung geben muß. Anderenfalls würde sich der historisch Verstehende der Gegenwart entziehen. Es gehört zu den unbestrittenen Verdiensten Friedrich Schlegels, daß der angebliche Antisystematiker (wenn man diesen Begriff herkömmlich versteht) mit seiner Darlegung und Funktionsbeschreibung des Orientierungswissens bis in unsere Gegenwart hinein Impulse gesetzt hat.

Dieses einleitende Kapitel soll nicht geschlossen werden, ohne eine kurze Zusammenfassung des Aufbaus dieser Einführung zu geben, die zugleich als kleine Lesehilfe oder als knappe Erinnerungsstütze gedacht ist. Kein anderer Autor der neueren Literaturgeschichte trennt so scharf zwischen Früh- und Spätwerk wie Friedrich Schlegel. Die kritische Ausgabe seiner Werke, herausgegeben von Ernst Behler, Jean Jacques Anstett und Hans Eichner, bildet die Textgrundlage der vorliegenden Einführung. Die Herausgeber legen in der ersten Abteilung die Frühschriften zugrunde und veröffentlichen den gesamten erhaltenen Nachlaß in einer getrennten Abteilung, um der Komplexität der Werke auch von der Editionsstruktur her gerecht zu werden. Grundlegendes Prinzip dieser Ausgabe ist es, Schlegels Denken unter dem Aspekt der inneren Einheit darzustellen, durch alle Widersprüche und vorgeblichen Ungereimtheiten hindurch.

Das vorliegende Buch folgt dieser Auffassung nicht in allen Punkten. Die Harmonisierung widersprüchlicher Entwicklungen und biographischer Ungereimtheiten läßt sich nicht immer durchhalten, weil sich der durch die Konversion zum Katholizismus eingetretene »Bruch« in Schlegels Leben immer wieder bemerkbar macht. Die Frage, welche »Phase« Schlegels die wichtigere ist, ist müßig und trägt nicht zu einem Erkenntnisgewinn bei. Deshalb versucht die Einführung, das Leben und Werk dieses facettenreichen Mannes mittels einer Struktur darzustellen, die man am ehesten als sich teilweise überlagernde Kreise beschreiben kann. Wie in den Schnittmengen der geometrischen Figuren wiederholen sich wichtige Grundideen und romantische Überzeugungen, doch stehen jeweils verschiedene Aspekte im Mittelpunkt. Während die frühromantische Existenz als Ursprungskreis gesehen wird, aus dem die anderen erwachsen sind, geraten nacheinander der Dichter und Ästhetiker, der kritische Philosoph und schließlich der geschichtsbewußte Polittheoretiker in das Blickfeld. Friedrich Schlegel wollte niemals das eine sein, ohne das andere zu werden. Und wenn dieses Bild von Widersprüchen gezeichnet wird, dann entspricht dies Schlegels Wesen eher als eine glättende Schilderung zugunsten einer Stringenz, die es in seinem Leben tatsächlich nicht gegeben hat. Auch in diesem Sinne bewahrt Schlegel die Kontinuität im Wandel.

2. Gegen das Vollenden: Frühromantische Existenz als »gefährliche Rarität«

Das 18. Jahrhundert als Epoche der Aufklärung ist gekennzeichnet durch die Überzeugung, daß es nichts gebe, was sich nicht erklären lasse. Zufall und Willkür werden dem bürgerlichen Ideal der Planbarkeit unterworfen, das Schicksal wird entmachtet. Die Freiheit wird zu einem hohen Gut. Um ihretwillen wird 1789 die große Revolution gewagt. Der freie und gleiche Bürger löst als politische Wunschvorstellung den vormals von den Fürsten und Königen geknechteten Untertanen ab. Die Macht kirchlicher Dogmatik wird durch Rationalisierungen der neuzeitlichen Wissenschaft gebrochen. Deren Leitbild ist Newton. Das Bürgertum entwickelt Erfahrungsmodelle, in denen die Autonomie des rationalen Subjekts alle bisherigen Welterklärungsmuster ersetzt. Durch einen großen Modernisierungsschub wird die Welt komplexer, und endlich wird auch der Bereich des Ästhetischen als authentische Dimension menschlicher Welterfahrung anerkannt.

Doch Widerstand findet die Aufklärung in den dunklen Räumen des kollektiven Unbewußten. Die Ideen der Aufklärung können schnell die Vernunft belehren, aber nicht die Instinkte. So war das 18. Jahrhundert nicht nur das Zeitalter der Aufklärung, sondern im letzten Viertel auch geprägt von Irrationalismus und mystischen Strömungen, die jedoch keinesfalls mit der Romantik gleichgesetzt werden dürfen. Kurz vor Beginn dieses letzten Viertels eines wechselvollen Jahrhunderts wird am 10. März 1772 in Hannover Carl Wilhelm Friedrich Schlegel geboren. Er wird es in entscheidender Weise mitprägen.

Friedrich, von klein auf Fritz gerufen, war das jüngste von sieben Kindern des Theologen, Dichters und Übersetzers Johann Adolf Schlegel (1721-1793) und seiner Frau Johanna Christine Erdmuthe, geb. Hübsch, der Tochter eines Mathematikers aus Schulpforta. Der Junge galt als ein schwieriges Kind, das sich zurückzog, anscheinend schwer erziehbar und von labiler Gesundheit war. Er kam hinein in eine Familie, die bereits seit mehr als hundert Jahren das geistige Leben in Deutschland beeinflußt hatte.

Von den dreizehn Kindern Johann Friedrich Schlegels, des Großvaters der Romantiker, haben drei Söhne die deutsche Literaturgeschichte durch ihre Dichtungen, Kritiken und Übersetzungen mitgestaltet. Johann Heinrich, der jüngste der drei, machte in Dänemark als Geschichtsprofessor und Bibliothekar die beinahe schon familienübliche Karriere.

Friedrichs Vater Johann Adolf und dessen drei Jahre älterer Bruder Johann Elias waren als Vertreter der vorromantischen Generation ein literarisches Gespann. Ihr produktives Verhältnis ähnelte dem, das später zwischen Friedrich und seinem Bruder August Wilhelm herrschen sollte. Besonders Johann Elias war als Kritiker und Dramatiker bekannt. Als einer der ersten in Deutschland griff er das dramentheoretische Dogma der Einheit des Ortes an, wie es vor ihm bereits der französische Dichter Corneille getan hatte.[9] Er trieb die ästhetische Diskussion voran und entwickelte die deutsche Literaturkritik weiter, verstarb 1749 mit nur 31 Jahren. Friedrich hat ihn also nie persönlich kennengelernt.

Johann Adolf Schlegel machte sich vor allem als Übersetzer und Kommentator einen Namen. Beide setzten sich in ihren Werken vom Mainstream klassizistischer kunsttheoretischer Anschauungen ab, freilich noch ohne den revolutionären Impetus, der nachmalig von den Frühromantikern ausgehen sollte. Der

Name Schlegel war schon lange vor Friedrichs Geburt in der intellektuellen Welt bekannt. Für den jüngsten Sproß ergab sich daraus eine Verpflichtung, die ihm manchmal zur Last wurde.

Diese Familientradition gebildeter und selbstbewußter Bürgerlichkeit bestimmte auch den Werdegang der beiden Schwestern und vier Brüder Friedrich Schlegels, von denen ihm der 1767 geborene August Wilhelm nicht nur dem Alter nach am nächsten stand. Seine ganze Jugend hindurch – und auch noch danach – fürchtete der jüngste Sohn, den hohen Leistungsansprüchen der berühmten Familie im allgemeinen und denen des Vaters im besonderen nicht genügen zu können.

Nun muß man sich diesen Vater nicht als autoritär und unnahbar vorstellen. Obwohl traditionsbewußt und wegen seines kirchlichen Hintergrundes in gewisse Hierarchien eingebunden, verfolgte er sehr moderne Erziehungsgrundsätze. Er widmete der Bildung seiner älteren Söhne viel Zeit und Energie, war ihnen als Vater zugleich ein guter Freund. So war die Anleitung zur Selbsterziehung[10] eines seiner grundlegenden Erziehungsprinzipien, deren Erfolg man an den Lebensläufen seiner Kinder ablesen kann.

Die beiden ältesten Söhne entschieden sich ebenfalls für das theologische Fach und wurden später Pfarrer, der dritte, Carl August, nahm als Ingenieur an Vermessungsexpeditionen teil und starb 1789 in Madras.

Die Töchter Henriette und Charlotte gingen – den bürgerlichen Gepflogenheiten entsprechend – standesgemäße Ehen ein. Charlotte, deren Ehemann in Dresden zum Hofbeamten avancierte, spielte später in Friedrichs Leben noch eine wichtige Rolle, weil sie ihm Unterkunft und auch Rettung aus finanzieller Bedrängnis bot.

Die Atmosphäre im Hause Schlegel war schon vor der Geburt des jüngsten Kindes von einer bürgerlich-intellektuellen

Attitüde geprägt, doch die finanziellen Spielräume waren nicht allzu groß. Dafür gab es Beschaulichkeit und Ruhe für ein selbstbestimmtes Arbeiten, was sich allerdings mit der Berufung des Vaters an die Marktkirche Hannover im Jahre 1759 änderte. Von da ab war dieser mehr mit der Theologie und den vielen praktischen Problemen seines seelsorgerischen Berufs befaßt als mit gelehrten Reflexionen und Übersetzungen. Bald diktierten das kirchliche Amt und andere Verpflichtungen den Tageslauf, was sich noch verschärfte, als er 1775 innerhalb Hannovers an die Neustädter Hof- und Stadtkirche wechselte. Da war Friedrich drei Jahre alt. Später sah er den Vater oft überlastet.

Diese familiäre Situation könnte es nahelegen, daß das Kind ein besonders enges Verhältnis zur Mutter entwickelt, gleichsam als Kompensation für die väterliche, berufsbedingte Vernachlässigung. Friedrichs Mutter war eine liebevolle Frau, nur verstand sie die Art ihres jüngsten Sohnes nicht recht. So war ihre Liebe für ihn immer mit einer Spur von Distanz vermischt, die dazu beitrug, daß sie seine Schwächen klar erkannte. Das wiederum rief Sorge in ihr hervor, denn sie empfand es deutlich, wenn er litt. Sehr genau registrierte sie, daß sie nicht immer Zugang zu ihm finden konnte, sie nahm Veränderungen in seinem Wesen aufmerksam wahr. Es sind nur wenige Äußerungen der Mutter über ihren Jüngsten erhalten, meist in der Form von Briefen, die sie an August Wilhelm schrieb, um sich nach Friedrichs Wohlergehen zu erkundigen.[11] Aus ihnen wird deutlich, daß sie sein Tun nicht immer billigen konnte, aber ohne Vorwurf zu ihm stand, ihm sogar Anfang 1793 hundert Taler schickte, um seine Schulden zu bezahlen, denn seine Unfähigkeit in geldlichen Dingen hatte sie schon früh erkannt.[12]

Friedrichs Bindung an die Mutter war von einer ähnlich reservierten Liebe geprägt. In seinen Briefen verwandte er die respektvolle Anredeform »Sie«, was zwar einer zeittypischen

Konvention des gehobenen Bildungsbürgertums entsprach, dennoch Aufschluß gibt über den eher distanzierten Umgangston innerhalb der Familie, die sich zu den geistig Unabhängigen zählen durfte. Belege für eine spontane und innige Zuneigung finden sich nicht, doch wird das Verhältnis zwischen Mutter und Sohn von Achtung und Rücksichtnahme bestimmt.

Ebenso wurde seine Gefühlsentwicklung von der Mutter beeinflußt, wovon ein Gedicht Zeugnis ablegt, das der knapp Zwanzigjährige Anfang 1792 an seinen Bruder August Wilhelm schickte. In ironischer Anlehnung an Schiller heißt es dort: »Auch ich bin in Arkadien gebohren,/ Auch mir hat ja ein heißes volles Herz,/ Die Mutter an der Wiege zugeschworen/ Und Maaß und Zahl in Freude und in Schmerz./ Sie gab mir immer freundlich himmelwärts/ Zu schaun, wenn selbst die Hoffnung sich verlohren;/ Und stählte mich mit Frohsinn und mit Scherz;/ Auch ich bin in Arkadien gebohren!« (XXIII, 45)

Diese Verse, die die Besungene allerdings nicht als Adressatin erreichten, weil das Gedicht insgesamt ein Lobgesang an den Bruder ist, dürfen nicht darüber hinwegtäuschen, daß die Mutter in Friedrichs Kindheit nur wenig präsent war.

So hatte sie kaum Einfluß auf die dann folgende Entwicklung. Durch seine vielfältigen Amtsgeschäfte konnte der Vater der Erziehung seiner jüngeren Söhne weniger Zeit widmen als zuvor den älteren Kindern, was dem einen jedoch wenig auszumachen schien: August Wilhelm, der als Familienliebling galt, war früh literarisch begabt und trat bereits am Gymnasium mit überzeugenden Leistungen hervor, die ihn zum Beruf des Gelehrten geradezu prädestiniert erscheinen ließen. Ganz im Gegensatz zu dessen unkomplizierter Entwicklung verschärften sich aus der Sicht des Vaters die Schwierigkeiten mit dem Charakter seines Jüngsten, so daß er auf dessen persönliche Unterweisung weitgehend verzichtete, zumal er kaum noch Zeit dafür hatte. Das Kind schien ganz aus der Art geschlagen und wurde schließlich einem Bruder des Vaters, Johann August, zur Erziehung gegeben, der seine Pfarre in Rehburg dem Verhandlungsgeschick Johann Adolfs bei dessen Berufung nach Hannover verdankte. Nach dem Tod des Onkels verblieb Friedrich in der Familie des ältesten Bruders, der ebenfalls Landpfarrer war. Über die frühen Jahre ist außer äußeren Daten wenig bekannt, denn Selbstzeugnisse über Friedrichs Jugendbiographie finden sich erst nach dem endgültigen Abschied von Hannover 1791.[13] Freilich mag die frühe Trennung von der Familie dazu beigetragen haben, daß Friedrich zeitlebens keinen engen Kontakt zu seinem Elternhaus mehr fand. Es konnte sich kein Vertrauensverhältnis bilden, was man z.B. daran ablesen kann, daß er sich später, als er wie so oft Geldsorgen hatte, ausdrücklich nicht von den Eltern helfen lassen wollte.[14] Bei Friedrich war alle Erziehung nur Stückwerk, obwohl er die idealen Entfaltungsmöglichkeiten gemäß den liberalen Grundsätzen des Vaters am meisten benötigt hätte[15], er war allerdings nicht – anders als sein um fünf Jahre älterer Bruder – zum Gelehrten bestimmt.

Erst 1785 kehrte der mittlerweile Dreizehnjährige wieder zu seiner Familie nach Hannover zurück. Fünfzehnjährig verliebte er sich in Caroline Rehberg, Tochter einer mit den Schlegels befreundeten Beamtenfamilie. Diese Beziehung, die bald »aus jugendlichem Unsinn« wieder zerbrach[16], konfrontierte ihn mit den melancholischen Seiten seines Wesens. Sie wirkte insofern prägend, als seine idealisierenden Vorstellungen von Freundschaft und Liebe nicht mit der Wirklichkeit übereinstimmten und ihm diese Differenz durch die Erfahrung deutlich zu Bewußtsein kam.[17]

Für den Heranwachsenden stellte sich bald die Frage nach einer beruflichen Laufbahn. 1788 begann er eine Kaufmannslehre bei dem Bankier Schlemm in Leipzig. Zwar war die Ausbildung zum Kaufmann ursprünglich eine Idee des Vaters, dem es vor allem um die finanzielle Sicherheit dieses Berufes ging, aber sie lag ebenso in Friedrichs Interesse, der das tätige Handeln bewunderte und es in gewisser Weise als Kontrast zu der auf Gelehrtheit und Reflexion ausgerichteten Familientradition empfand. Darüber hinaus sollte die Lehrzeit als eine Art Selbstdisziplinierung dienen, als Befreiungsmittel von dem Chaos, das in seinem Innern herrschte. Friedrich Schlegel, das ist aus den Quellen überliefert, war unberechenbar und verlor wegen Mangels an innerem Gleichgewicht schnell die Fassung. So schien ihm die Kaufmannslehre ein richtiger Weg, gegen diese Schwäche anzukämpfen. Es fehlte ihm allerdings die Energie, den einmal gefaßten Entschluß auch umzusetzen. Er brach die Ausbildung ab und kehrte nach Hannover zurück.[18]

Die folgenden zwei Jahre verbrachte er dort, um sich auf ein Studium vorzubereiten. Es galt, die bisher versäumte gymnasiale Bildung aufzuholen. Friedrich entwickelte einen Eifer, den ihm niemand zugetraut hätte, am wenigsten der Vater. In Rekordzeit bildete er sich selbst durch intensives Lesen zu einem Spezialisten für das griechische Altertum aus. Hier zeigte sich seine außergewöhnliche Begabung, literarische Texte zu erfassen und zu analysieren. Mit seinen sechzehn Jahren mußte er nicht nur eine schwierige frühe Kindheit bewältigen, Bildungsdefizite ausgleichen und einen beruflichen Mißerfolg verarbeiten, sondern obendrein mit seinem labilen Charakter fertigwerden. Zeitweise litt er unter Depressionen, die er mit einer wahren Arbeitswut auf dem Gebiet der Gräzistik zu überwinden suchte, was wiederum seiner Weiterentwicklung zugute kam.[19]

Mit seinen Studien zum klassischen Altertum sollte Friedrich in den neunziger Jahren nicht nur bei seinen Zeitgenossen, darunter waren die bedeutendsten Gelehrten der Zunft, Anerkennung finden. Seine Texte über die Geschichte und Literatur der

Griechen und Römer beeinflußten die Altertumsforschung bis weit in das 19. Jahrhundert hinein. In heutiger Zeit wird dieser Aspekt weniger wahrgenommen.[20] Doch haben diese Arbeiten vor allem deshalb Bedeutung, weil in ihnen Dichtung und Kritik auf eine Weise miteinander verknüpft werden, die das Schreiben über Literatur und Poesie geradezu revolutionierte. Das ist Friedrich Schlegels großes Verdienst. Sein wichtigster Aufsatz dieser Jahre, *Ueber das Studium der Griechischen Poesie* (1795), in dem er den Grundstein zu einer Realpoetik legt[21], profitiert noch von diesem Wissensfundus, den er sich im Selbststudium angeeignet hatte.

Doch diesen künftigen Erfolg konnte der junge Mann an der Schwelle zum Erwachsenenalter selbstverständlich noch nicht absehen.

In diesen Jahren der Krise und des Suchens begegnete er den Lehren des Philosophen, der in der Romantik eine erneute Renaissance erleben sollte: Platon. Mit keinem anderen Denker hat sich Schlegel so intensiv auseinandergesetzt. Die Lektüre Platons erweckte in ihm die Sehnsucht nach dem Unendlichen, welche ihm zunächst seine eigene Situation begrifflich faßbar machte[22], später zu einem wichtigen Terminus der Romantik wurde und Schlegels persönliche Ansichten selbst nach seiner Konversion zum Katholizismus bestimmte. Wie tiefgreifend diese Leseerfahrungen sein weiteres Schaffen beeinflußt haben, teilt uns Schlegel in seinen *Vorlesungen über die Philosophie des Lebens* mit, die er fast vierzig Jahre nach dieser Jugendlektüre gehalten hat. Er spricht davon, daß er seinerzeit Platons Schriften mit »unbeschreiblicher Wißbegierde« durchgelesen habe; »und seitdem ist [...] diese philosophische Nachforschung für mich selbst eigentlich immer die Hauptbeschäftigung geblieben« (X, 179f.). So zeigt sich in der Rückschau, daß die frühe Auseinandersetzung mit Philosophie und Kultur des antiken

Griechenland seine innere Einstellung zu produktiver, literarischer Arbeit entscheidend verändert hat. Die Vorliebe für das klassische Altertum hat ihm nicht nur immense Sachkenntnisse auf diesem Gebiet eingebracht, sondern auch sein Denken strukturiert und damit seinen geistigen Werdegang bestimmt.

Zunächst mußte sich Friedrich Schlegel um 1790 für einen zukünftigen Bildungsweg entscheiden. Obwohl das gelehrte Dasein als »homme de lettre« in seiner Familie eine Tradition hatte wie in kaum einer anderen, wählte er das Studium der Jurisprudenz, um eine vermeintlich solide Grundlage zu einem späteren Beruf zu schaffen, und folgte seinem Bruder August Wilhelm nach Göttingen, wo dieser nach einem kurzzeitigen Abstecher ins theologische Fach mittlerweile für Philologie eingeschrieben war.

Friedrich Schlegels erstes Studienjahr wurde in doppelter Hinsicht für die späteren Kunsttheorien der Frühromantik wichtig. Zum einen nahm die bewundernde Bruderliebe des Jüngeren nun einen konkreten Bezug auf gemeinsam erarbeitete philologische Inhalte, wodurch die beiden für lange Jahre zu einer engen Affinität in ihren Ansichten fanden, die sie als Herausgeber der Zeitschrift *Athenaeum* in das Zentrum der frühromantischen Bewegung stellen konnten. Zum anderen setzte Friedrich die in seinen Privatstudien begonnene intensive Auseinandersetzung mit der Geistes- und Kulturgeschichte fort, wobei sich die Ansicht verfestigte, in der Antike gleichsam das Modell einer idealen Gegenwart erblicken zu können. So bildete sich in dieser Phase erstmals die Überzeugung heraus, daß er als Autor zugleich Kritiker der herrschenden Zustände sein müsse, denen er ein an der Antike orientiertes Gesellschaftsideal entgegensetzen wollte. Freilich gelang ihm dies noch nicht auf Anhieb, weshalb er die enorme Rezeptivität dieses ersten Studienjahres bis zu diesem Zeitpunkt nicht als Keim für Späteres begreifen konnte, sondern sie im Gegenteil vor allem als Versagen ansah, das ihn quälte.[23]

1791, August Wilhelm beendete gerade sein Studium, ging Friedrich abermals nach Leipzig. Offiziell studierte er immer noch Jura, doch auch ihn hatte das Interesse an der Philologie längst ergriffen, und so schrieb er seinem Bruder, der mittlerweile in Holland als Hauslehrer tätig war, Briefe über Literatur, die von einer ungewöhnlichen Lesebesessenheit zeugen. Er las u.a. Texte, darunter viele Neuerscheinungen, von Herder, Klinger, Schiller, Voltaire, Wieland, Kant, Klopstock, Goethe, Hemsterhuis, Spinoza und versah sie zunächst mit Kommentaren, die sich bald zu kritischen Abhandlungen erweiterten. Hinter dieser nur scheinbar beliebigen, von einem übergroßen Lesehunger geleiteten Auswahl steckt bereits, für Schlegel seinerzeit unbewußt, ein romantisches Programm. Gleich einem großen Schwamm sog er alles in sich auf, um es in seiner Vorstellung zu amalgamieren. Zugleich legte er die Basis für sein ausladendes Wissen auf den Gebieten der klassischen und modernen Literatur sowie der philosophischen, ästhetischen und historischen Disziplinen. Um die Auseinandersetzung mit den großen und wichtigen Ideen seiner Zeit zur Darstellung zu bringen, suchte er nach einer besonderen literarischen Form, die er schließlich im Fragment fand.

Die ersten Fragmente von Friedrich Schlegel wurden als *Kritische Fragmente* zunächst in der Berliner Zeitschrift *Lyceum der schönen Künste* veröffentlicht, deren Redakteur er ab 1797 war. Er stellte sie aus seinen Notizheften über Dichtung zusammen. Dabei hatte er nicht unbedingt im Sinn, die Tradition des Aphorismus wiederzubeleben, die in der deutschen Literatur vor allem durch Lessing und Lichtenberg vertreten wurde. Vielmehr orientierte er sich an der posthum veröffentlichten Sammlung *Maximes et pensées, caractères et anecdotes* des französischen

Moralisten Sébastien Chamfort (1741-1794), dessen aphoristische Formulierungskunst er bewunderte. In diesem Sinne nannte er seine Fragmente eine »kritische Chamfortage«[24]. Zwar lassen sich im Hinblick auf die Formulierungstechniken und gedanklichen Zuspitzungen Übereinstimmungen mit dem verehrten Vorbild finden, doch unterscheidet sich der spezifisch romantische Charakter der Schlegelschen Fragmente von Chamforts Aphorismen durch eine metaphysische Differenz. Schlegel wollte den selbstgenügsamen, in sich abgeschlossenen Mitteilungscharakter des Aphorismus überwinden und eine Form schaffen, die sich zum Unendlichen hin öffnet, aber dennoch Fragment bleibt im Sinne unzulänglicher, begrenzter, nur menschlicher Erkenntnis. Hierin liegt die Innovation.

Die Leipziger Studienzeit war nicht nur entscheidend für die intellektuelle Biographie Schlegels, sondern auch für die Persönlichkeitsentwicklung. Zum einen lernte er einen jungen Mann kennen, der wie er für das Studium der Rechtswissenschaft eingeschrieben war, aber ebenso literarisch-philosophische Interessen verfolgte, Friedrich von Hardenberg. Zum anderen war er in eine Affäre mit einer Dame der Gesellschaft verwickelt, wodurch sein Liebesideal erneut in Frage gestellt wurde.

Die Freundschaft mit Friedrich von Hardenberg, der sich als Dichter Novalis nannte, beruhte auf einer beiderseitigen spontanen Sympathie und einer Art von Seelenverwandtschaft, die entscheidende Impulse für die Herausbildung der ästhetischen Ideen der Frühromantik liefern sollte. Schon von ihrer ersten Begegnung berichtete Friedrich Schlegel dem Bruder mit eingängigen Worten, sprach von Wohlgefallen und Entgegenkommen und davon, daß ihm Novalis »das Heiligtum seines Herzens weit öffnete«[25]. Als sich ihre gemeinsamen Wege Mitte 1793 für kurze Zeit trennten, hielt Novalis rückblickend in einem Brief die Einmaligkeit dieser Freundschaft mit den Worten fest: »Vielleicht seh ich nie wieder einen Menschen, wie Dich.«[26] Diese enge persönliche Bindung war die Voraussetzung dafür, daß die beiden wenige Jahre später ihre romantische »Symphilosophie« verwirklichen konnten, die sich in zahllosen Fragmenten und vor allem in der Zeitschrift *Athenaeum* niederschlug. Vorerst jedoch machte Friedrich Schlegel eine Phase der Einsamkeit und Orientierungslosigkeit durch, sah sich selbst als einen ins Unendliche verstoßenen Flüchtling, gar als einen »Kain des Weltalls«[27]. Aus dieser Krise konnte er sich nur aus eigener Kraft befreien. Er mußte den eigenen Standort in der Welt erst noch finden.

Der Winter 1792/93 erwies sich in dieser Hinsicht als turbulent. Wie in einer spätpubertären Krise haderte der Zwanzigjährige mit sich selbst und suchte brieflich Trost bei seinem Bruder: »Wo ich hinkomme, flieht die gute Laune, und meine Nähe drückt. Am liebsten besieht man mich aus der Ferne, wie eine gefährliche Rarität.«[28] Die Liebesbeziehung zu einer verheirateten Frau[29] sollte ihn von seinen Selbstzweifeln ablenken und ihm zugleich die gesellschaftliche Sicherheit verleihen, die er an sich nicht entdecken konnte. Doch dieses Verhalten stürzte ihn noch tiefer in die Misere. Der gesellschaftliche Umgang mit diesen bürgerlich-wohlhabenden Kreisen überstieg die finanziellen Mittel des Studenten. Dadurch geriet er erstmals in die Schuldenfalle, aus der er sich zeit seines Lebens nicht mehr befreien konnte. Dies ist insofern von großer Bedeutung, als er zwecks Abarbeitung der finanziellen Lasten häufig Texte produzieren mußte, die nicht immer seinen freien Erkenntnisinteressen entsprangen. Als er erfuhr, daß die Dame ihn öffentlich der Lächerlichkeit preisgab, suchte er den Ausweg im Vergessen.[30] Man kann nur ahnen, wie ihm zumute war. Da es keine autobiographischen Zeugnisse gibt, die seinen Seelenzustand im Kontext der Leipziger Affäre explizit darstellen, sei es hier erlaubt, von seinem literarischen Alter ego Julius, Hauptfigur des Romans *Lucinde*, zu berichten, der sich in einer ähnlichen Stimmungslage befand: »Eine Liebe ohne Gegenstand brannte in ihm und zerrüttete sein Innres. [...] Alles konnte ihn reizen, nichts mochte ihm genügen.« (V, 35f.) Auffällig ist hier das auch für Friedrichs Persönlichkeit kennzeichnende Pendeln zwischen den Extremen, die Unfähigkeit, sich aus dem Widerspruch von innerem Bedürfnis und vorgefundener Realität zu befreien. Dieses Leiden an der Unzulänglichkeit der Wirklichkeit – gemessen an den eigenen, hochgesteckten Idealen – paßt zu dem sich entwickelnden romantischen Grundkonsens.

Novalis, der in seiner Leipziger Studienzeit ebenfalls in amouröse Abenteuer verstrickt war, diese aber ohne tiefergehende Spuren überwand[31], bestätigt die bekenntnishafte Tendenz des Romans und findet gleich einen passenden Vergleich aus seiner naturwissenschaftlich geprägten Bilderwelt, um Schlegels Selbstanalysen in der *Lucinde* zu charakterisieren: »Friedrich lebt und webt drinn. Vielleicht gibt es nur wenig individuellere Bücher. Man sieht das Treiben seines Innern, wie das Spiel der chymischen Kräfte in einer Auflösung im Zuckerglase, deutlich, und wunderbar vor sich. Tausend mannichfaltige, helldunkle Vorstellungen strömen herzu und man verliert sich in einem Schwindel, der aus dem denkenden Menschen einen bloßen Trieb – eine Naturkraft macht – uns in die wohllüstige Existenz des Instinkts verwickelt.«[32]

Den Gegensatz von klarem Verstandesdenken und dem Ausgeliefertsein an die Macht des triebhaften Verlangens kann Julius nicht vermitteln: »Sein Geist strebte nicht die Zügel der Selbstherrschaft fest zu halten, sondern warf sie freiwillig weg, um sich mit Lust und mit Übermut in dies Chaos von innerm Leben zu stürzen.« (V, 37)

Diese Sätze charakterisieren das Lebensgefühl des jungen

Schlegel, der schließlich gerade dadurch Ordnung in sein inneres Leben brachte, daß er äußerlichen Zwängen und festgeschriebenen bürgerlichen Existenzentwürfen entsagte. 1794 beendete er das Jurastudium ohne Abschluß, verließ Leipzig und zog nach Dresden, wo er knapp zweieinhalb Jahre ein abgeschottetes Leben führte. Zur Untermiete wohnend, dachte, schrieb und sammelte er, um eine Geschichte der griechischen Poesie zu verfassen. Sein Ziel war es, die Darstellung der antiken Dichtung mit einer normativen Ästhetik zu verbinden.[33] Sein Vorbild war Johann Joachim Winckelmann, der berühmte Verfasser zahlreicher Studien zum klassischen Altertum. Seine Schwester Charlotte Ernst unterstützte ihn materiell, er war praktisch mittellos. Doch die Liebe zur Literatur war stärker als der Wunsch nach etablierter Bürgerlichkeit in einem juristischen Umfeld. In engem Briefkontakt zu seinem Bruder stehend, schrieb er immer wieder davon, sich bevorzugt poetischen Fragestellungen widmen zu wollen.

Sein Interesse an Fragen der Poetik war aufs engste verknüpft mit seiner Vorliebe für das klassische Altertum. Sein Zugriff auf die Antike beruhte nicht nur auf seiner enormen Textkenntnis, sondern auch auf der Anschauung, war also durchaus sinnlich. In Dresden hatte er Gelegenheit, die berühmte Abgußsammlung antiker Skulpturen von Anton Raffael Mengs zu sehen, die als größte nördlich der Alpen das Bild der antiken Kunst im Verständnis vieler seiner Zeitgenossen prägte, darunter Wilhelm von Humboldt, Jean Paul und Novalis. Als »Schlegel aus Hannover« trug er sich schon 1792 in das Besucherbuch ein. Die bei mehreren Besichtigungen gewonnenen Eindrücke waren »feste dauernde Grundlage für meine Studien des klassischen Altertums« (IV, 4), erinnerte er sich später.

In zahlreichen Aufsätzen geht er ab 1794 Fragen der antiken Poesie nach und versucht, mit einer neuartigen Methode die historische mit der systematischen Darstellung von Literatur zu verbinden. Er erklärt den Gegensatz zwischen einer nach Epochen geordneten und einer an Gattungen sowie Stilen orientierten Betrachtungsweise der Literatur für nichtig und setzt statt dessen auf sein Modell der kritischen Vermittlung. So zeichnet er in seinem Aufsatz *Von den Schulen der griechischen Poesie*[34] die Entwicklung der antiken Literatur zunächst akribisch unter historischen Gesichtspunkten nach. Als Forscher, der aus den vorhandenen Bruchstücken der griechischen Poesie ein Ganzes rekonstruieren will, zweifelt er zugleich an der Möglichkeit, dieses Ganze zu finden. (Vgl. I, 3, 1) Dennoch bewertet er die Entwicklung der griechischen Literatur geschichtsphilosophisch als Folge von Aufstieg, Gipfel und Verfall. Damit überwindet er die bloß chronologische Sichtweise.[35]

Schlegel steht mit dieser Ansicht noch in der Tradition Winckelmanns und Herders, die die Vorstellung hatten, »Kulturen entwickelten sich pflanzengleich vom Keim über die Blüte zum Verfall«[36]. In dem bereits erwähnten Aufsatz *Ueber das Studium der Griechischen Poesie* bricht er kurze Zeit später jedoch radikal mit dieser These einer gleichsam organisch verlaufenden Kulturgeschichte und entwickelt seine eigene geschichtsphilosophische Position. Schlegel geht von einem Bruch zwischen Antike und Moderne aus und gewinnt daraus die wichtige Einsicht, daß in der Moderne, also in der nachantiken Zeit, die Kultur vor allem durch das Signum der Krise gekennzeichnet ist. Er überwindet die biologistische Sicht und stellt statt dessen die Sinnfrage. In der Überzeugung, Geschichte sei ein teleologischer, d.i. ein auf ein Ziel ausgerichteter Prozeß, den es zu erkennen gilt, ist er einer der ersten, die sich in diesem Sinne geschichtsphilosophisch auf die Sinnsuche begeben. Wegen dieser grundsätzlichen Bedeutung wird der Studium-Aufsatz weiter unten noch eingehender erörtert.[37]

Ende des Jahres 1795 ließ sich August Wilhelm Schlegel in Jena nieder, um u.a. an der von Schiller herausgegebenen Zeitschrift *Die Horen* mitzuwirken. Friedrich hoffte, sich ebenfalls an den Publikationen beteiligen zu können. Er kannte und schätzte Schillers philosophische und ästhetische Arbeiten, zählte ihn zu den »großen Meistern« und bewunderte seine Verdienste um die deutsche Dichtkunst, der Schiller »stärkre Kraft und höhern Schwung« (I, 364, 177) verlieh. Allerdings konnte er eine gewisse menschliche Abneigung, die auch Schiller seinerseits empfand, als sie einander bereits 1792 kennengelernt hatten, nicht überwinden. Schiller reagierte deshalb ausweichend und abweisend auf Friedrich Schlegels Bereitschaft zur Mitarbeit an den verschiedenen Projekten.

Als sich Schlegel 1796 die Gelegenheit bot, an der Zeitschrift *Deutschland* mitzuwirken, die von dem Musiker, Schriftsteller und passionierten Schiller-Feind Johann Friedrich Reichardt herausgegeben wurde, griff er zu. Er veröffentlichte dort neben seinem wichtigen Aufsatz *Versuch über den Begriff des Republikanismus*[38] auch eine Besprechung des Schillerschen *Musenalmanachs* und einige kritische Rezensionen der *Horen*, die die Empörung Schillers hervorriefen. Nach dessen Gegenwehr in der gemeinsam mit Goethe publizierten Zeitschrift *Xenien* war das Verhältnis für immer so zerrüttet, daß selbst August Wilhelms Tätigkeit in Mitleidenschaft gezogen wurde: Schiller entpflichtete ihn von seiner Mitarbeit mit ausdrücklichem Hinweis auf die Polemiken seines Bruders.[39] Auch für Friedrich hatte das Zerwürfnis weitreichende Konsequenzen, denn als Gegner Schillers konnte er sich nicht in Jena etablieren, weshalb er, einem Ratschlag Goethes folgend, im Juni 1797 nach Berlin übersiedelte.

Während des knapp einjährigen Aufenthalts bei seinem Bruder in Jena lernte er Caroline kennen, die im Juli 1796 dann

August Wilhelm heiratete und bald darauf zu den wichtigsten Frauen des Jenaer Frühromantikerkreises gehörte.

Die 1763 geborene Caroline, Tochter des Orientalisten David Michaelis aus Göttingen, versuchte, sich nach dem Tod ihres Mannes, des Clausthaler Arztes Franz Böhmer, als alleinerziehende Mutter eine materiell gesicherte und vor allem gesellschaftlich anerkannte Existenz aufzubauen. 1792 lebte sie in Mainz im Haushalt des Schriftstellers Georg Forster, Ehemann ihrer Jugendfreundin Therese Heyne. Der junge Friedrich Schlegel zählt Forster später neben Robespierre und Mirabeau zu den »Göttern der Revolution«[40]. Als belesene und geistig unabhängige Frau begeisterte sich Caroline für die Ideen der Französischen Revolution, womit sie einen großen Einfluß auf Schlegel ausübte, der Anfang der neunziger Jahre, nicht zuletzt bedingt durch seine Herkunft, eher ein politisch Wertkonservativer war. Später sollte er jedoch seine republikanische Gesinnung bereits durch die Haartracht signalisieren. Mit seiner schnörkellosen Kurzhaarfrisur fiel er 1797 in den Berliner Salons auf, als viele andere Männer noch den Zopf im Nacken trugen.[41]

Der ersten Begegnung zwischen Friedrich und Caroline ging die Kenntnis des Briefwechsels, den sie mit August Wilhelm führte, voraus. Bereits beeindruckt durch Carolines Schreibstil, überwältigte Friedrich die persönliche Bekanntschaft so sehr, daß er sich zu der Behauptung hinreißen ließ: »In den Frauen liegt jetzt das Zeitalter, nur unter ihnen gibts noch interessante Charaktere, jede eine andere Art Disharmonie.«[42]

Die Freundschaft mit Caroline war in persönlicher wie politischer Hinsicht entscheidend für Friedrichs weiteres Leben. In seinem Roman *Lucinde*, dessen Grundidee bereits in den Jahren 1793 und 1794 entstand, gibt er indirekt darüber Auskunft, wie wichtig dieses Zusammentreffen für ihn war. Es heißt dort über sein Alter ego Julius: »Auch diese Krankheit wie alle vorigen heilte und vernichtete der erste Anblick einer Frau die einzig war, und die seinen Geist zum erstenmal ganz und in der Mitte traf.« (V, 47) Unter die Bewunderung, die Friedrich für Caroline hegte, mischte sich Verliebtheit, doch wußte er die Distanz zu wahren. Über die Anteilnahme an Carolines wechselvollem Leben setzte er sich mit den revolutionären Ereignissen in Frankreich auseinander. Durch Caroline wurde er außerdem angeregt, sich mit Georg Forster zu beschäftigen, den er 1797 in einem bedeutenden Aufsatz würdigte. Mit dieser Charakteristik eröffnete er eine neue Form der Literaturkritik, in der individuelle Betrachtung und sozialer sowie historischer Kontext miteinander vermittelt werden. Bis dahin galten eher normative Kriterien, um den Stellenwert eines Werkes zu bemessen. Wir werden auf die weiteren Implikationen dieser Neuerung zurückkommen.[43]

Die Möglichkeiten einer Frau, am gesellschaftlichen Leben und am kulturellen Diskurs teilzunehmen, waren beschränkt, eingegrenzt durch Zwänge, die den in der Französischen Revolution propagierten Idealen zuwiderliefen. Carolines Lebensweg führte Friedrich Schlegel vor Augen, wie dringend es einer Umgestaltung der gesellschaftlichen Verhältnisse auch in Deutschland bedurfte.[44] So wandte er sich Fragen der Moral und Emanzipation zu und entwickelte seine Ansichten über die Rolle der Frau in der Gesellschaft, indem er diese als gleichgestellten Menschen mit allen sozialen Rechten einschließlich der sexuellen Selbstbestimmung beschrieb. Mit diesen für die damaligen Verhältnisse unerhörten Forderungen legte er sich quer zur herrschenden Moralauffassung und erteilte dem idealistischen Frauenbild, wie es z.B. von Friedrich Schiller[45] verbreitet wurde, eine klare Absage.

In seiner Schrift *Ueber den weiblichen Charakter in den griechischen Dichtern* (1794, erschienen in der *Leipziger Monatsschrift für Damen*) behandelt Schlegel das Problem der Emanzipation und Gleichstellung der Frau vor dem Hintergrund der Antike. Seine fundierten Kenntnisse über diese Epoche gehen hier eine Synthese mit einem zeitgenössischen Fortschrittsbewußtsein ein, das sich nicht zuletzt auch auf das Geschlechterverhältnis richtet. Der weitgehende Ausschluß von der Bildung zwingt die Frauen des »heroischen Zeitalters« (I, 47), sich auf den häuslichen Kreis zu beschränken, wodurch sie, wie er es drastisch nennt, entarten. Schlegel bezweifelt, daß die »Unterdrückung und Geringschätzung« (I, 48) der Frau naturgegeben oder gar rechtmäßig ist. Er kann nachweisen, wie diese bestehenden Ungleichheiten von der griechischen Poesie reflektiert werden. Erst die Staatsform der Republik verbessert die Lage der Frauen, denn einige erhalten Zugang zur Bildung, allerdings ohne daß diese Tatsache sie befreit hätte. Aufgrund der politischen Struktur des griechischen Stadtstaats zieht Schlegel sogar Parallelen zwischen der Situation der Frauen und der Sklaven.

Wie den Sklaven in der Antike, verwehrte man auch den Frauen des 18. Jahrhunderts die durch die Französische Revolution deklarierten Menschenrechte, indem sie politisch und juristisch aus deren Wirkungsbereich ausgegliedert wurden. Die Neubestimmung des Menschen, die als eine Folge des Epochenumbruchs notwendig geworden war, orientierte sich am Ideal aufklärerischer Kritik, vernachlässigte es jedoch, die legitimen Rechte der Frauen in die Revision des Bestehenden einzubeziehen. Zwar wurden durch die historischen Ereignisse die überkommenen Rollenzuweisungen aufgeweicht; für die Frauen ergab sich daraus jedoch keine spürbare Verbesserung ihrer Lage im Hinblick auf das Recht zur freien Selbstentfaltung. In den neunziger Jahren entbrannten auch in Deutschland hitzige Debatten um den »Geschlechtscharakter« der Frau, als deren antipodische Exponenten Schiller und Schlegel gelten dürfen.

Beide sind Vertreter einer »Ergänzungstheorie«[46], wonach die Gleichwertigkeit der Geschlechter zwar formal propagiert, aber zugleich als Polarität angesehen wird. Daraus ergeben sich zwei unterschiedliche Klischees des Weiblichen: Die eine Variante besagt, daß die Frau als ein im Vergleich zum Mann defizitäres Wesen definiert, jedoch innerhalb dieser Rollenzuweisung respektiert wird. Die andere Lesart sieht die Frau als notwendiges Korrelat des Mannes, die den Anspruch auf ein naturhaft-harmonisches Ganzes der Menschheit einlöst, wohingegen der Mann mit den vermeintlichen Widersprüchen zwischen Natur und Gesellschaft leben muß. Während Schiller der ersten Variante zuneigt und den Tätigkeitsbereich der Frau auf den häuslichen und familiären Wirkungskreis beschränkt wissen will, kommt Schlegel wegen seiner romantischen Grundüberzeugung der Ganzheitsaspekt der anderen Variante entgegen.

In seinem wichtigen Aufsatz *Über die Diotima* (1795) entwickelt er seine Theorie der Weiblichkeit weiter. Auch hier bildet die antike Sphäre den Hintergrund für ein im Prinzip modernes Frauenbild, das die Selbständigkeit der Frau herausstellt und sich kritisch gegen alle Tendenzen verwahrt, die der Verfestigung herkömmlicher Rollenbilder dienen. Schlegels Interesse, die Durchbrechung der Rollenmuster, gilt aber nicht nur einer Emanzipation der Frau, er will im Zuge einer Romantisierung gesellschaftlicher Wirklichkeit die ethischen und ästhetischen Anlagen des Menschen insgesamt vervollkommnen. Auf diese Weise wird er zum Verfechter einer romantischen Bildungsidee, dargestellt an der Figur der Diotima aus dem Platonischen Dialog *Symposion* (Gastmahl). Er fordert, auch dem weiblichen Geschlecht Zugang zur Bildung zu eröffnen, und vergleicht die besondere Funktion der gebildeten Griechin Diotima mit verschiedenen vorchristlichen weiblichen Rollenmustern von der Hausfrau bis zur Hetäre. Eingebettet in eine Platon-Interpretation, nimmt Schlegel unmißverständlich Rekurs auf das Weiblichkeitsideal seiner Zeit, das er in vielem mißbilligt.

So sehr Schlegel durch diese Aufsätze einen kritischen Umgang mit dem Geschlechterverhältnis in das Bewußtsein seiner Zeitgenossen rückt, so wenig kann er Frauen tatsächlich als eigenständige Wesen anerkennen. Auch er ist Anhänger einer Idee der »weiblichen Bestimmung« (I, 86, 56). Aus der Forderung gleicher Bildungschancen resultiert nicht die Einbeziehung der Frau in das öffentliche Leben bei gleichen politischen Rechten und Pflichten. Schlegels Eintreten für die Emanzipation rührt im wesentlichen daher, daß er die Differenz der Geschlechtlichkeit in einem neuen Menschenbild aufgehoben wissen will, wobei »die Weiblichkeit wie die Männlichkeit der höheren Menschlichkeit untergeordnet sein soll« (I, 87, 56). Darin ist teilweise ein Fortschritt zu sehen. Die Veränderung seines Frauenbildes verdankt Schlegel, biographisch betrachtet, auch den Beziehungen zu Caroline und Dorothea, die in ihrem Leben mit mancher Konvention radikal gebrochen haben, jedoch nicht die gleiche Chance auf Entfaltung fanden wie Männer in einer vergleichbaren gesellschaftlichen Situation. Diese prinzipielle und strukturelle Ungleichheit wird nicht zuletzt durch Schlegels obengenannte Aufsätze, durch seinen Brief *Über die Philosophie. An Dorothea* (1799) und durch den Roman *Lucinde* bewußt gemacht. So kommt es, daß der in seiner Jugend gelegentlich misanthrope Schlegel, der damals von den Frauen nur gering dachte[47], zu einem Verfechter bürgerlicher Emanzipationsideen wird.

Wie schon bemerkt, beherrscht die antike Thematik die Schriften Schlegels in den neunziger Jahren, doch darin ist mitnichten eine Rückwärtsgewandtheit in der Epoche des Umbruchs, im Jahrzehnt nach der Französischen Revolution, zu sehen. Vielmehr zeugen seine »graecomanischen« Texte von einer republikanischen Einstellung, die sich eher an zeitgenössischen

Erfahrungen orientiert, gespiegelt in der Vergangenheit und damit geschichtsphilosophisch aufgehoben. Schon die Geschichte Griechenlands habe, so verdeutlicht es Schlegel immer wieder, zu den Polisrepubliken geführt. Deshalb erkennt er auch in der laufenden Geschichtsentwicklung die Notwendigkeit der republikanischen Staatsform. Auf diese Weise gerät der Blick in den Spiegel der Antike zu einer historisch gebrochenen, doch durchaus aktuellen Diagnose der Zeit. Schlegel geht sogar so weit, seine Begeisterung für den Republikanismus und die Demokratie in seine Ästhetik einfließen zu lassen. Über die Poesie heißt es in den *Kritischen Fragmenten*, daß sie eine »republikanische Rede« sei, »eine Rede, die ihr eignes Gesetz und ihr eigner Zweck ist, wo alle Teile freie Bürger sind, und mitstimmen dürfen« (II, 155, 65). Diese mit politischen Begriffen besetzte Ausdrucksweise unterstreicht den romantischen Anspruch einer Universalpoesie, die jegliche Hierarchisierung, sei es der Gattungen, Stile oder Techniken, überwinden will.

Immer deutlicher zeichnet sich der romantische Kerngedanke einer ganzheitlichen Poesie ab, wobei dieser Begriff nicht nur die Dichtung im engeren Sinne, sondern auch andere Künste sowie Philosophie und Theologie und sogar die Naturwissenschaften umfassen soll. Der bedeutende Schlegel-Forscher Ernst Behler bezeichnet die Universalpoesie als »Bildungsprogramm«[48] und unterstreicht damit den über die Literatur im engeren Sinne weit hinausgehenden Anspruch des ehrgeizigen Konzepts. In dieser grundsätzlichen Form der Universalpoesie wird durch die Romantik eine Kritik am aufklärerischen Denken formuliert, in der ein deutliches Unbehagen an der allmählichen Verwissenschaftlichung der Welt sichtbar wird. Dem soll durch eine Poetisierung der Welt Einhalt geboten werden.

Die moderne Form dieses universellen Wissens soll ebenfalls poetisch sein. Es sollen auch Aspekte gewürdigt werden, die von der Aufklärung als archaisch und überholt abgewertet worden sind. In den Bereich der romantischen Poesie und Literatur kann sich retten, was durch aufgeklärtes Denken als entmystifiziert gilt, wonach aber noch immer eine heimliche Sehnsucht strebt. Beispiele sind hier der Zauber, das Wunder oder das Geheimnis, die als wichtige Topoi in der romantischen Literatur fortleben. Gerade das Geheimnis birgt für die Romantiker eine ambivalente Struktur. Sie fühlen sich von seinem Reiz angezogen als Mischung aus Unbekanntem und Vertrautem. In der Dichtung zeigt sich dies z.B. in einer Affinität zum Märchenhaften. Deshalb ist es erklärtes Ziel der romantischen Poesie, die entsprechenden Bilder und Vorstellungen auf ihren archetypischen, mythischen oder naturphilosophischen Ursprung zurückzuführen.[49] Dabei fällt die Romantik jedoch nicht etwa in vormoderne Zeiten zurück; vielmehr gelingt es ihr, sich diese Sehnsucht nach dem anderen, nicht Vernunftbestimmten produktiv anzueignen, indem sie den von der Aufklärung geschmähten Begriffen Symbolcharakter verleiht. Somit sollen die konstruktiven Erkenntnisse der Aufklärung ebenso bewahrt werden wie die Essenz des vormaligen Wissens, das jene teilweise zerstört hat. Das romantische Natur- und Menschenbild beansprucht für sich, umfassender zu sein als das jeder anderen Epoche zuvor.

Das romantische Grundaxiom will Dinge, die weit auseinanderliegen, unter einen Begriff fassen, selbst wenn für die Erfahrungswissenschaften dazwischen Abgründe liegen mögen. Das scheint für das aufgeklärte Denken sinnlos zu sein, weil es die etablierte Ordnung der Vernunft angreift. Die Produktivität dieses Verfahrens, das man als kreatives Querdenken auffassen kann, hat z.B. Friedrich Nietzsche instinktsicher erkannt: »Dinge, die noch nie einander ins Gesicht gesehn hatten, plötzlich gegenüber gestellt, aus einander beleuchtet und begriffen.«[50]

Damit ist nicht nur die Sicht auf die Dinge verändert, sondern auch die Methode, sie zu denken. Das ist der Universalismus, mit dem insbesondere die Frühromantiker in die Kulturgeschichte eingreifen wollten.

Wie eng dieser kühne Plan eines romantischen Weltentwurfs mit der individuellen Entwicklung Friedrich Schlegels in dieser frühen Phase seines Schaffens verbunden ist, läßt sich einem Brief an August Wilhelm entnehmen: »Es war zwar zuerst die Neigung, welche mich antrieb, die Kunst da zu erforschen, wo sie einheimisch ist. Daß ich aber in dem Entwurfe meines Lebens mit der Kunst den Anfang mache, das ist so tief in meiner Natur und in meinen Absichten gegründet, daß vielleicht nur ich selbst den Grund davon einsehen kann.«[51]

Bereits in dieser Selbsteinschätzung zeigt sich die Anlage der erst später voll entwickelten romantischen Theorie. Wieder kann man klar erkennen, wie sehr diese der Einheit aus Leben und Werk ihrer Verfechter entspringt. Im Individuellen liegt ebenso ein Ursprung wie im Universalen, und was dem gewöhnlichen Denken als Entgegensetzung erscheint, vereint die romantische Sicht als zwei Seiten desselben. So entfaltet Schlegel, dieser Selbstcharakteristik zufolge, lediglich seine innere Natur. Modern gesprochen, kann man sagen, daß er seine Erkenntnisinteressen verwirklichen will, ohne doch konkret angeben zu können, worauf sich diese gründen.

Die Forderung nach einer alles umfassenden Poetisierung der Welt ist die Konsequenz dieses Denkens. Schlegel erhebt sie im 116. Athenaeumsfragment, in dem er den Begriff einer progressiven Universalpoesie prägt, der gleichsam zum Signum dieser ästhetisch-revolutionären Neubestimmung geworden ist. Die Zeitschrift *Athenaeum*, das wohl bedeutendste literarische Dokument der frühromantischen Arbeits- und Denkweise, trug maßgeblich zur Verbreitung dieser unkonventionellen Ideen bei.

Mit der Gründung dieses Journals konstituiert sich der Kreis der Jenaer Frühromantik, dem neben den Gebrüdern Schlegel Friedrichs enge Freunde Novalis und Schleiermacher, der Dichter Ludwig Tieck und der Philosoph F.W.J. Schelling angehören. August Wilhelms Gattin Caroline zählt ebenso dazu wie die Frau, die Friedrichs große Liebe werden und mit der er den Rest seines Lebens verbringen sollte: Dorothea Veit. Er hat sie 1797 im Berliner Salon der Henriette Herz kennengelernt und war, nach Aussagen der Gastgeberin, sofort gewaltig beeindruckt.[52]

Das *Athenaeum* ist das Produkt der gemeinsamen Arbeit dieser unterschiedlichen Menschen, die alle die Begeisterung für die neuen Gedanken teilen. Es erscheinen nur drei Jahrgänge mit insgesamt sechs Heften von 1798 bis 1800, doch diese kurze Zeit genügt, um die wichtigsten Ideen der Romantik populär zu machen und somit eine Epoche zu begründen, die weit in das 19. Jahrhundert hineinwirkt. Die hier veröffentlichten Entwürfe zu einem neuartigen Welt- und Kunstverständnis zeugen von der Hoffnung, daß die Menschheit am Beginn des vielbeschworenen Goldenen Zeitalters stehen möge, das sich politisch mit der Französischen Revolution anzukündigen schien und das in den ästhetischen und philosophischen Theorien eine konkrete Gestalt annahm.

Die Brüder Schlegel gründen die Zeitschrift, um dem romantischen Denken ein adäquates Forum zu verschaffen. Treibende Kraft dabei ist Friedrich, der schon längere Zeit unzufrieden mit den bestehenden Zeitschriften ist und dringend nach einer unabhängigen Publikationsmöglichkeit sucht, die sich nicht nur inhaltlich, sondern auch in Form und Stil von den bereits existierenden Blättern unterscheiden soll. Deshalb sieht das Konzept vor, die Zeitschrift ohne regelmäßige feste Mitarbeiter zu verwirklichen, doch soll es Beiträger geben. Die Form der Zusammenarbeit zwischen den Herausgebern und den Beiträgern besteht vor allem in Gesprächen und Briefen.

Die Funktion des *Athenaeums* ist eine dreifache. Zum einen soll ein neues Publikum innerhalb der interessierten Öffentlichkeit angesprochen werden, die die Frühromantiker bereits in deutlicher Differenz zur Weimarer Klassik wahrgenommen hat, ohne bisher mehr als eine nur verschwommene Vorstellung dieses Neuen zu besitzen. Dem soll das *Athenaeum* abhelfen, indem es den Begriff »Romantik«, der bis dahin noch alle nachantike Kunst ganz allgemein bezeichnet, mit einem präzisierten Sinngehalt füllt. Die Zeitschrift dient so zum anderen als Forum für einen kommunikativen Austausch mit dem Lesepublikum, zugleich spiegelt sie das Bedürfnis der Frühromantiker nach Selbstfindung, also nach interner Kommunikation, wider. Nicht zuletzt muß man den wirtschaftlichen Hintergrund erwähnen, der die Zeitschriftengründung mit bestimmte. Alle Beteiligten hoffen auf eine ergiebige Einnahmequelle.

Diese Hoffnung erweist sich allerdings als trügerisch. Ungeachtet einer lebhaften Rezension verkauft sich die Zeitschrift nur mäßig. Aus der Sicht unserer modernen Zeit muß man davon sprechen, daß das Marketingkonzept wohl nicht ausgefeilt war. Der für die Markteinführung notwendige günstige Preis ließ sich nicht verwirklichen, weil die Auflage zu hoch und das Papier zu teuer war. Außer den Schlegels gibt es keine bekannten Namen auf der Beiträgerliste, weil Goethe, Tieck, Schelling und andere zunächst nicht zum Beitrag eingeladen oder zugelassen waren.[53] Trotz dieser Widrigkeiten rücken die Gebrüder Schlegel jedoch nicht von ihrem Konzept ab. Die Verbreitung ihrer philosophischen Ideen und die Entwicklung ästhetischer Leitbilder sollen nicht einem wirtschaftlichen Erfolg geopfert werden. So ist denn gerade die Ästhetik der Frühromantik in den Heften repräsentativ vertreten.

Das Publikum reagiert zunächst zurückhaltender auf die Neuerscheinung, als es den Herausgebern lieb sein kann. Die Zeit scheint noch nicht reif zu sein für diese innovative Form. Insbesondere Friedrich Schlegels Fragmente sind für einen idealtypischen Leser verfaßt, um zur freien Reflexion anzuregen und bewußtseinsbildend zu wirken. Schlegel weigert sich, seine Anliegen auf konkrete Lesergruppen zuzuspitzen und entzieht sich so jeder Spezialisierung im Hinblick auf die marktwirtschaftliche Verwertbarkeit eines literarischen Produkts, wie sie heute üblich ist. Vielleicht ist dies auch ganz gut so. Indem er von der freien Individualität des Menschen ausgeht, kümmert es ihn wenig, daß es diesen idealtypischen Leser möglicherweise gar nicht gibt. Er entlarvt vielmehr die vorauseilende Beschränkung des Autors auf das angenommene Verständnisvermögen seiner Leser als sinnlos: »Mancher redet so vom Publikum, als ob es jemand wäre, mit dem er auf der Leipziger Messe im Hotel de Saxe zu Mittage gespeist hätte. Wer ist dieser Publikum? – Publikum ist gar keine Sache, sondern ein Gedanke, ein Postulat, wie Kirche.« (II, 150, 35) Hier wird der reale Leser konzeptualisiert, zu einer Vorstellung in den Überlegungen des Autors funktionalisiert. Das entspricht dem Kommunikationsideal der Frühromantik, das willkürlich und frei von Zwecken ist. Es vertraut auf die innere Dynamik eines lebendigen Austauschs, stellt aber nicht die Wirkung in den Vordergrund, die gleichwohl intendiert ist. Der ideale Leser soll in den Reflexionsprozeß des Autors hineingezogen werden. Insofern wird ihm Bildung vermittelt, jedoch nicht im Sinne eines quantitativen »Mehr-Wissens«, sondern durch Einübung in vernetztes Denken. Dabei mischen sich assoziative Denkformen mit kognitiven Impulsen. Fragmente sind in dieser Hinsicht bloße Partikel der Erkenntnis, sie streben keine »systematische Bindung«[54] an ein hierarchisches Denkgebäude an. Umkehrung und Relativierung, Nebeneinander des Gegensätzlichen und Aushalten der Widersprüche kennzeichnen den Fragmentstil. Durch die Vorstellung, daß der Leser die Arbeit des Autors gedanklich fortsetzt und dessen Anregungen selbständig realisiert, ist das *Athenaeum* »kommunikationstheoretisch allen zeitgenössischen Journalen und den meisten späteren weit voraus«[55]. Diese Vorzeitigkeit mag ein Grund für den mangelnden Markterfolg sein. In der Rückschau erscheint es fast, als habe Schlegel die Strukturen der modernen Denkformen, die sich auch der elektronischen Vernetzung bedienen, erahnt. Dieses Neue verbindet nicht nur den Autor und sein Publikum, sondern auch die Autoren untereinander, die gemeinsam in der Zeitschrift publizieren.

Im *Athenaeum* will Friedrich seine Vorstellung vom Symphilosophieren verwirklichen, auf das er viel Hoffnung setzt: »Vielleicht würde eine ganz neue Epoche der Wissenschaften und Künste beginnen, wenn die Symphilosophie und Sympoesie so allgemein und so innig würde, daß es nichts Seltnes mehr wäre, wenn mehre sich gegenseitig ergänzende Naturen gemeinschaftliche Werke bildeten.« (II, 185, 125) Die Symphilosophie soll Individuen verschmelzen und die Isolation des einzelnen im gemeinsamen Philosophieren überwinden, bis man aus den Erzeugnissen dieser geistigen Anstrengung keine Rückschlüsse mehr auf einen bestimmten Urheber ziehen kann. In dieser Vorstellung erfüllt sich der Gedanke, daß sich das gleichsam entgrenzte Individuum zur Unendlichkeit hin öffnet und zu einem Ewigen wird.

Form und Inhalt der Zeitschrift *Athenaeum* stehen für die Grundidee der Frühromantik, eine neue Einheit des Denkens und Handelns zu postulieren, in der die Trennung von Mensch und Natur, Kunst und Leben, innerer und äußerer Welt, Gut und Böse überwunden wird. In dem unendlichen Prozeß der Identifikation des einen mit dem anderen, der ichhaften Durchdringung der Natur stiftet die von Schlegel so bezeichnete neue Mythologie eine Einheit, die als Gegenmodell zur als zerrissen empfundenen Gegenwart die durch Entfremdung geschlagenen Wunden heilen wird. »Ihr staunt über das Zeitalter, über die gärende Riesenkraft, über die Erschütterungen, und wißt nicht welche neuen Geburten ihr erwarten sollt. Versteht euch doch und beantwortet euch die Frage, ob wohl etwas in der Menschheit geschehen könne, was nicht seinen Grund in ihr selbst habe. Muß nicht alle Bewegung aus der Mitte kommen, und wo liegt die Mitte?« (II, 261, 50) Die tätige Kraft, die diesen Prozeß vorantreibt, geht von den Künstlern aus: »Durch die Künstler wird die Menschheit ein Individuum, indem sie Vorwelt und Nachwelt in der Gegenwart verknüpfen.« (II, 262, 64)

Hier wird ganz deutlich, daß die Frühromantik das Zusammendenken der Extreme zu ihrem Prinzip erhebt. Das Individuum wird zur Menschheit, die wiederum als Individuum zu denken ist: »Denke dir ein Endliches ins Unendliche gebildet, so denkst du einen Menschen.« (II, 266, 98) Der einzelne wird im Gattungssubjekt aufgehoben, er wird gleichsam zum Repräsentanten der Menschheit schlechthin. Von außen betrachtet, ergibt sich dadurch das Problem zirkulärer Begründungen, was die argumentative Kraft dieses Ansatzes schwächt. Doch um Argumentationen geht es Friedrich Schlegel in den von ihm verantworteten Abschnitten des *Athenaeums*, namentlich in den als *Ideen* bezeichneten Fragmenten, gar nicht. Vielmehr orientiert er sich an einem kreativen Ideal, der gestaltenden Macht der Poesie. Mit ihrer Hilfe verarbeitet er die Trauer über den Verlust, der eintrat, als sich die unvermeidliche Trennung der Welt in das Unendliche und Endliche ergab. Doch gerade die daraus resultierende notwendige Vereinzelung des Menschen, seine Isolation, setzt dessen Fähigkeit zur Reflexion frei, weist ihm den Weg in die Mitte, von wo aus er zu einer neuen Gemeinschaft finden kann. Im Mittelpunkt dieses an die Grundideen der Frühromantik angelehnten Menschenbilds steht ein Individuum, das idealerweise ein Künstler ist. Zugleich entwickelt sich daraus ein politisches Konzept, wonach die Überwindung aller trennenden Gegensätze das Individuum zur Freiheit in einer Gemeinschaft von Gleichen führt.

Diese Ideen ließen sich allerdings selbst in einer kleinen Gruppe nicht einfach in die Wirklichkeit umsetzen. Es kam unter den Freunden zu Unstimmigkeiten. Das letzte Heft des *Athenaeums* war zugleich ein Signal zur Auflösung des Jenaer Frühromantikerkreises. Eine wichtige Ursache dieser folgenschweren Entwicklung liegt in der romantischen Theorie selbst, deren euphorischer Enthusiasmus der Frühphase in einem umgekehrten Verhältnis zu den erreichten Ergebnissen stand. Dem mußte die Ernüchterung folgen. Der Wunsch, aus den Fragmenten, Miszellen und Gedankensplittern, verbunden mit den Aufsätzen und anderen Texten, die im *Athenaeum* publiziert wurden, eine umfassende Enzyklopädie der romantisch verwandelten Welt entstehen zu lassen, konnte nicht verwirklicht werden. Wie ungemein produktiv diese wenigen Jahre auf die ästhetische Kultur wirken sollten, was sie tatsächlich veränderten, war in der Zeit um 1800 noch nicht voll ersichtlich. Viele der Beiträger des *Athenaeums* wandten sich verstärkt religiösen Problemen zu, allerdings ohne daß man gleich von einem Paradigmenwechsel zugunsten der Religion sprechen könnte. Vielmehr lag es nahe, bei dem postulierten Universalitätsanspruch der Poesie Fragen der göttlichen Weisheit einzubeziehen. Ob dies auch Fortschritte im Hinblick auf Erkenntnisgewinn brachte, war zunächst zweitrangig.

Doch waren nicht nur Unstimmigkeiten in der Theorie Gründe für das Scheitern des Projekts der Frühromantik, sondern auch persönliche Zwistigkeiten, verbunden mit Schicksalsschlägen wie dem frühen Tod von Novalis 1801. Aus der Sicht Friedrich Schlegels sind zwei persönliche Konflikte erwähnenswert. Da ist zum einen der Streit mit Schleiermacher anläßlich der gemeinsamen Platon-Übersetzung: Schlegel hatte seinen Teil der Arbeit nicht geleistet; im Zorn kündigte Schleiermacher seine Mitarbeit am *Athenaeum* auf.

Schwerwiegender noch für Schlegels persönliche Entwicklung war der Zwist mit seinem Bruder wegen dessen Ehescheidung. Caroline hatte in Schelling ihre große Liebe gefunden und die Ehe mit August Wilhelm Schlegel aufgegeben. Friedrich schien sich darüber mehr zu erregen als der Ehemann selbst, dem er die vermeintliche Nachsicht gegenüber Caroline als ein Zeichen von Charakterschwäche vorwarf. Unversöhnlich zeigte er sich auch gegen Caroline, deren Entscheidung über ihr Leben er nicht akzeptierte. Es hatte auch Zwistigkeiten zwischen dieser und Dorothea Veit gegeben, Schlegels Lebensgefährtin, was ihn zu einer Parteinahme zwang. Die ehedem langen Diskussionen mit der Schwägerin und geachteten Freundin, in denen es oft um die Rechte des Individuums und dessen Grundanspruch auf Freiheit ging, waren vergessen. Indem Caroline sich die Freiheit nahm, ihre Selbstverwirklichung durchzusetzen – wofür die Romantiker unbedingt eingetreten waren –, verlor sie den Freund. Dieses entschiedene Verhalten Schlegels wirft ein Schlaglicht auf dessen Persönlichkeit und zeigt die Schwierigkeiten, die sich zwischen romantischer Theorie und gelebter Praxis auftun. Gleichzeitig weist es auf die Kompromißlosigkeit hin, die Schlegels Umgang mit anderen Menschen prägte. Für die Durchsetzung der eigenen Wertvorstellungen war er ohne Zögern bereit, Freundschaften zu opfern und die Beziehung zu seinem bewunderten Bruder erheblich zu belasten.

3. Das »höchste Maximum« der Poesie: Der Dichter und seine Kritik

Was im Leben einen tiefen und unauslöschlichen Eindruck hinterlassen hat, ist der ideale Gegenstand eines Romans, der sich wie von selbst aus dem Lebensweg und Bildungsgang ergibt. Dichterisch vereint der Roman alle Formen der Erzählkunst und ist gar »sakrales Herzstück frühromantischen Denkens«[56]. So, wie das gelebte Leben und das Nachdenken darüber in einer Person zusammenfallen, so kann ein Roman mit der dargestellten Handlung zugleich die Sinnfrage befördern. Er weist damit wie jedes echte Kunstwerk über sich hinaus und hebt den Unterschied zwischen Kunst und Leben auf. Davon ist Schlegel überzeugt: »Mancher der vortrefflichsten Romane ist ein Kompendium, eine Enzyclopädie des ganzen geistigen Lebens eines genialischen Individuums [...]. Auch enthält jeder Mensch, der gebildet ist, und sich bildet, in seinem Innern einen Roman. Daß er ihn aber äußre und schreibe, ist nicht nötig.« (II, 156, 78)

Dieser »unnötigen« Arbeit unterzog sich Schlegel indes mit der Niederschrift seines einzigen Romans, *Lucinde*, der rasch zum Skandalbuch der Jahrhundertwende avancierte, als er im Herbst 1799 als erster Teil eines geplanten größeren Werks erschien, jedoch Fragment blieb. In nur sechs Monaten verfaßt, schildert der Roman ein freies Liebesverhältnis zwischen Julius und Lucinde, beläßt es aber nicht bei einer Darstellung der geistigen Aspekte, sondern benennt anschaulich auch die sinnlichen Seiten. Diese Deutlichkeit erregte die Gemüter ebenso wie die dahinterstehende Kritik an der bürgerlichen Konvention der

Ehe, der die auf freie Liebe gegründete Gemeinschaft als Ideal entgegengesetzt wird.

Der Roman wurde allgemein als Schlüsselroman gelesen, was ihn in seiner Wirkung für die moralisierenden Zeitgenossen noch unerhörter erscheinen ließ. Tatsächlich lebte Schlegel mit Dorothea Veit vor, was er mit den Romanfiguren ästhetisch feierte.

Seit Friedrich und die gut sieben Jahre ältere Dorothea einander 1797 in Berlin begegnet waren, fühlten sie sich in besonderem Maße verbunden. Dorothea, die ursprünglich den jüdischen Vornamen »Brendel« trug, war die älteste Tochter des Philosophen Moses Mendelssohn, eine gebildete und kultivierte Frau. Beider familiärer Hintergrund war also vergleichbar. Es gab sogar einen intellektuellen Berührungspunkt: Mendelssohn hatte in seinen »Literaturbriefen« Werke von Johann Elias Schlegel besprochen, Friedrichs Onkel. Der Unterschied bestand in der Religion und in der Lebensweise: Er war Protestant und sie jüdischen Glaubens, er war frei und ungebunden, sie lebte in einer Versorgungsehe mit dem Bankier Simon Veit und hatte zwei Söhne. Doch die Anziehungskraft, die sie aufeinander ausübten, überwand alle Hindernisse. Seinem Freund Novalis schrieb Schlegel Ende September 1797, er »erwarte kommende Nacht ein schönes Notturno«[57]. In der *Lucinde* können wir nachlesen, was das Paar seit dieser Nacht verband: »Sie waren nur wenige Tage allein, als sie sich ihm auf ewig ergab und ihm die Tiefe ihrer großen Seele öffnete, und alle Kraft, Natur und Heiligkeit, die in ihr war.« (V, 54)

Derart offen in der Sprache, stieß der Roman auf breite Ablehnung, selbst im engen Freundeskreis. Novalis hielt sein Erscheinen für verfrüht[58], August Wilhelm bezeichnete das Werk seines Bruders als »Unroman«. Nur Friedrich Schleiermacher erkannte den tieferen Gehalt und verteidigte den Roman in einer Streitschrift, die er in Form eines fiktiven Briefwechsels verfaßte.

Im Mittelpunkt steht die skizzenhafte Erzählung *Lehrjahre der Männlichkeit*, in der Julius seiner Ehefrau Lucinde sein Vorleben offenbart, das durch zahlreiche, stets aussichtslose Liebesbeziehungen geprägt ist. Erst in der Begegnung mit Lucinde trifft er auf die wahre Liebe, in der er Erfüllung und Erlösung von den verzweifelten inneren Kämpfen der Vergangenheit findet. Die Liebe wird zum allumfassenden Prinzip, die dem Protagonisten hilft, das »Rätsel seines Daseins« (V, 57) zu lösen. In dem neuen romantischen Idealbild der Ehe fallen die sinnlichen wie geistigen Aspekte der Liebe zusammen, während die bürgerlichen Vorstellungen einer Zweckgemeinschaft abgelehnt werden. Angestrebt wird die Selbstentfaltung von Mann und Frau und ihre Verbindung unter dem Signum einer neuen Menschheit.

Symbol dieses Neubeginns ist Wilhelmine, das gemeinsame Kind von Julius und Lucinde. In froher Erwartung malt sich der werdende Vater die Zukunft aus und verkündet dabei beinahe programmatisch den neuen Menschentypus: »Drei Dinge wird unser Kind gewiß haben: viel Mutwillen, ein ernsthaftes Gesicht und etwas Anlage zur Kunst.« (V, 67) In Fragen der Erziehung zeigt er sich als Anhänger Rousseaus, der dafür plädierte, den Kindern eine ihrer Natur gemäße Entwicklung zu ermöglichen, weitgehend frei von gesellschaftlichen Einflüssen.[59]

Das romantische Ideal eines angeborenen poetischen Vermögens, das durch liebevolle Erziehung behutsam gefördert, durch Zwang und Zucht jedoch leicht zerstört werden kann, spricht aus diesen Zeilen und manifestiert sich ebenso in der *Charakteristik der kleinen Wilhelmine*, wie ein anderer Abschnitt des Romans überschrieben ist.[60] Die romantische Vorstellung des freien, den Künsten zugeneigten Menschen, der mit einer gewissen Anarchie auf die Welt reagiert, dabei zugleich liebenswert ist und eine natürliche Würde besitzt, nimmt in dem kleinen Mädchen Gestalt an. Das Kind repräsentiert die Natur im Menschen, dem die Kommunikation mit anderen poetisch gelingt, ohne die störende Rationalität des begrifflichen Denkens, die nur die Phantasie hemmt: »Mache ich ihre Gebärden nach, so macht sie mir gleich wieder mein Nachmachen nach; und so haben wir uns eine mimische Sprache gebildet und verständigen uns in den Hieroglyphen der darstellenden Kunst.« (V, 14) Durch das Kind wird aus dem Paar eine Familie, die gleichsam als kleinste gesellschaftliche Einheit erscheint, was wiederum eine ganz bürgerliche Vorstellung ist. In Schlegels Darstellung wird diese jedoch ins Religiöse gesteigert: »So schlingt die Religion der Liebe unsre Liebe immer inniger und stärker zusammen, wie das Kind die Lust der zärtlichen Eltern dem Echo gleich verdoppelt.« (V, 12)

Die religiösen Züge der Liebe zwischen Julius und Lucinde binden beide ein in das große, romantische Ganze. Julius geht in der Ehe und als Vater der Vervollkommnung seiner Seele entgegen: »Aber die volle Harmonie fand er auch von dieser Seite allein in Lucindens Seele, wo die Keime alles Herrlichen und alles Heiligen nur auf den Strahl seines Geistes warteten, um sich zur schönsten Religion zu entfalten.« (V, 58)

So ist der Roman *Lucinde* zugleich ein Dokument des Versuchs, eine umfassende Philosophie der Liebe zu entwickeln. Die Liebe in allen ihren Facetten wird zum romantischen Universalprinzip, erfüllt die geistige Sphäre mit Sinnlichkeit und vereint die Sinnenfreude mit dem Rationalen, kurz: Sie hebt alle Unterschiede auf. Damit garantiert sie die Einlösung des romantischen Glücksversprechens. Julius und Lucinde sind das Paar, das die Verheißung der neuen, durch die Liebe verwandelten Menschheit darstellt: »Wenn man sich so liebt wie wir, kehrt auch die Natur im Menschen zu ihrer ursprünglichen Göttlichkeit zurück.« (V, 67) Das Gefühl der Liebe zur Religiosität gesteigert, die Liebenden in die Nähe des Göttlichen gerückt, ein

Kind als Symbol der romantischen Zukunft: Es wird ganz deutlich, daß aus diesem Roman die tiefe Sehnsucht nach dem Unendlichen spricht, nach der ästhetischen Realisierung dessen, was in der Wirklichkeit nicht existiert. Weil der Roman jedoch von den Zeitgenossen überwiegend mit Blick auf seinen skandalösen Inhalt rezipiert wurde, ist diese hinter dem Buchstabensinn liegende Botschaft den meisten entgangen.

Dabei verrät Schlegel selbst im Roman dessen tieferen Sinn: »Ich sehe hier eine wunderbare sinnreich bedeutende Allegorie auf die Vollendung des Männlichen und Weiblichen zur vollen ganzen Menschheit.« (V, 13) Die Liebesgeschichte von Julius und Lucinde entwirft in einem poetischen Bild, was die Philosophie in dieser Plastizität nicht ausdrücken kann, sie ist Verheißung und romantische Utopie zugleich. »Allegorie« bedeutet hier, dem einzelnen einen allgemeinen Sinn beizufügen. Damit weist es über sich hinaus.

Man muß sich allerdings auch kurz vor Augen führen, daß der Begriff »Allegorie« im 18. Jahrhundert einen weiteren Bedeutungsumfang hatte als heute, in etwa gleichzusetzen mit »bildlicher Ausdruck«. Der Begriff gilt einem eher intuitiv als diskursiv verstehbaren Bildtypus.[61] Über eine lange Zeit wurden »Allegorie« und »Symbol« nicht trennscharf voneinander unterschieden. Noch Winckelmann, der auf Schlegels ästhetisches und geschichtsphilosophisches Denken großen Einfluß hatte, verwendet die Bezeichnungen synonym. Im Zuge der Entwicklung ästhetischer Leitlinien und Theoriemodelle zeichnet sich jedoch ein Defizit des Allegoriebegriffs ab, der die absolute Einheit des Besonderen und Allgemeinen im Konkreten nicht auszudrücken vermag. Deshalb setzt sich das Symbol als ein ästhetisches Universalprinzip durch, seit Schelling in seiner *Philosophie der Kunst* dargelegt hat, daß das Symbol »so konkret, nur sich selbst gleich wie das Bild, und doch so allgemein und sinnvoll wie der Begriff«[62] ist. Schelling zufolge drückt sich diese Doppelfunktion sehr gut in der deutschen Übersetzung mit »Sinnbild« aus. Im Symbol fallen die sinnliche Erscheinung und die transzendente Bedeutung unmittelbar zusammen, ohne daß eine nachträgliche Zuordnung erfolgen muß.[63]

Hingegen hat die Allegorie eine poetisch-repräsentative Funktion, die Schlegel von Jakob Böhme (1575-1624), dem von den Romantikern verehrten Naturmystiker, übernommen hat. In dessen theosophischen Schriften findet Schlegel seine Konzeption des Allegoriebegriffs[64] bestätigt. Schlegel hält deshalb an der Funktionalität des Allegoriebegriffs für die Poetik fest: »[...] alle Schönheit ist Allegorie. Das Höchste kann man eben weil es unaussprechlich ist, nur allegorisch sagen.« (II, 324, 364) Dies zeigt sich wiederum in seinem Roman: Die Liebe zwischen Julius und Lucinde wird zu einer allegorischen Repräsentation, zum Zeichen einer idealisierten Menschheit, indem Männlichkeit und Weiblichkeit nicht länger als getrennte, sondern als zwei Seiten desselben erscheinen.

Friedrich Schlegel hat mit seinem Roman nicht nur gegen die herrschende Moralauffassung verstoßen, er besitzt darüber hinaus die »Frechheit«[65], eine kurze *Idylle über den Müßiggang* einzufügen, die an den Grundfesten der bürgerlichen Arbeitsethik rüttelt. Er verherrlicht das Nichtstun als »gottähnliche Kunst der Faulheit« (V, 25) und fordert, man »sollte das Studium des Müßiggangs nicht so sträflich vernachlässigen, sondern es zur Kunst und Wissenschaft, ja zur Religion bilden!« (V, 27) Die scharfe Kritik an der Geschäftigkeit der Aufklärer wird hier verbunden mit einer ironischen Lobpreisung der Faulheit als des Zustandes, der geistige Produktivität erst anregt und zu einem Wohlbehagen führt, über das sich der zweckgerichtet Tätige empören muß, was Schlegel allerdings wenig kümmert: »Ich nahm mir vor, mich zufrieden im Genuß meines Daseins über alle doch endliche, und also verächtliche Zwecke und Vorsätze zu erheben.« (V, 27) Wenn die Zeitgenossen auch diese Passagen völlig mißverstanden haben, so mag das daran liegen, daß ihnen der Sinn für die spezifisch Schlegelsche, die romantische Ironie fehlte. »Ironie ist klares Bewußtsein der ewigen Agilität, des unendlich vollen Chaos« (II, 263, 69), bestimmt Schlegel. Wenn man diese Definition in einen Zusammenhang mit dem »Lob der Faulheit«, der Verherrlichung des Nichtstuns setzt, wird die ironische Brechung erkennbar. Dann trifft das Diktum zu: »Ironie ist die Form des Paradoxen.« (II, 153, 48)

Mit den Fragmenten, die Schlegel 1797 in der Zeitschrift *Lyceum der schönen Künste* veröffentlicht, hat er den Ironiebegriff entscheidend verändert. Den Zeitgenossen gilt die Ironie als eine Redefigur, die das Gegenteil dessen ausdrückt, was man dem Wortlaut nach sagt. Der durch Schlegel veranlaßte Bedeutungswandel löst eine ästhetische Diskussion aus, die seitdem kaum abgeklungen ist. Durch Schlegels Leistung, die als »moderne Neuschöpfung des klassischen Ironiebegriffs«[66] zu verstehen ist, wird die romantische Ironie zu einer zentralen Kategorie der Poetik. Sie verlangt vom Dichter, sich in seiner Dichtung zugleich reflektierend über diese zu erheben und dadurch sein dichterisches Tun zu transzendieren. Wenn dem Dichter dieses gelingt, zeigt seine Erzählkunst Selbstbewußtsein und wird zum Signum seiner Freiheit. Ironie wird als Form des kritischen Bewußtseins zum Darstellungsprinzip der Romantik schlechthin. Sie soll auch die Rezeptionshaltung des Publikums verändern. Schlegel macht in seinem Roman deshalb viel Gebrauch von der Ironie, weil er sie für das geeignete Mittel hält, den Leser wachzurütteln und seine überkommenen Werte zu überprüfen.

Das ist am Ende des 18. Jahrhunderts jedoch noch keinesfalls evident, weshalb die romantische Ironie lange als »Geheimsprache der Intellektuellen«[67] gilt, die anderen oft verschlossen bleibt. In seinem Aufsatz *Über die Unverständlichkeit* diskutiert Schlegel die verschiedenen Auffassungen der Ironie. Eher belustigt beklagt er sich über die Irritationen, die seine Athenaeumsfragmente ausgelöst haben, und deutet dies als Zeichen des ästhetischen Umbruchs: »Die neue Zeit kündigt sich an als eine schnellfüßige, sohlenbeflügelte; die Morgenröte hat Siebenmeilenstiefel angezogen.« (II, 370, 393) Nicht alle können mit der neuen Zeit Schritt halten, doch Schlegel glaubt fest an das veränderte ästhetische Bewußtsein der Zukunft: »Im neunzehnten Jahrhundert wird jeder die ›Fragmente‹ mit vielem Behagen und Vergnügen in den Verdauungsstunden genießen können, und auch zu den härtesten unverdaulichsten keinen Nußknacker bedürfen.« (II, 371, 394)

Dennoch oder gerade deshalb war der ironische Stil, in dem Schlegel die *Lucinde* verfaßte, für viele Leser eine Zumutung, weshalb sie den vordergründigen Inhalt eher zur Kenntnis nahmen als den Gehalt des Werks.[68] Sie empfanden Widerwillen gegen die Selbstcharakteristik der Hauptfigur Julius, die mit dem Autor identifiziert wurde, und verkannten die ironische Grundtendenz.

Die autobiographischen, fast bekenntnishaften Züge des Romans dürfen jedoch nicht die Tatsache verdrängen, daß es sich bei diesem Werk um eine ästhetische Innovation handelt, die weit in die Zukunft weist. So, wie der Inhalt gegen die traditionellen Moralvorstellungen verstößt, so irritierend wirkt die Komposition auf die herrschende Ästhetik. Neben den erzählenden Abschnitten stehen Reflexionen, Gleichnisse, Abhandlungen, in lockerem Zusammenhang mit Briefen, Dialogen und Träumereien, scheinbar ohne eine Ordnung. »Ja ich kann mir einen Roman kaum anders denken, als gemischt aus Erzählung, Gesang und andern Formen« (II, 336, 373), lautet Schlegels dichterisches Credo.

Um diese Mischung sichtbar zu erhalten, werden die zahlreichen stilistischen und formalen Brüche der *Lucinde* nicht geglättet. Besonders verstörend für das Lesepublikum ist die Tatsache, daß es kaum gelingt, sich in die Handlung hineinzufinden. Schlegel weigert sich konsequent, den Lesern ein Identifikationsangebot zu machen. Er will vielmehr die Anstrengung hervorrufen, sich den eigenen Gedanken assoziativ zu überlassen: Dieser Roman bietet die Chance der Selbsterfahrung. Gleichzeitig ist er das Kunstwerk, in dem die romantische Theorie der Poesie verwirklicht ist.

Ein zentraler Gedanke dieser Theorie besagt, daß sich die Einheit der sprachlichen Kunstwerke nur durch Bezug auf das Ganze herstellen läßt. Der Romantiker ist der Schöpfer in diesem Akt der Poetisierung. Dadurch offenbart sich der allumfassende Sinn, der der Welt zugrunde liegt, aber ohne Poesie den Menschen ewig verborgen bleibt. Es ist deshalb falsch, die Einheit der Werke in diesen selbst suchen zu wollen. Vielmehr sind sie nur Repräsentanten der Universalpoesie. Erst hinter der vordergründigen, an den Wortlaut gebundenen Darstellung liegt die Wahrheit: »Der dramatische Zusammenhang der Geschichte macht den Roman im Gegenteil noch keineswegs zum Ganzen, zum Werk, wenn er es nicht durch die Beziehung der ganzen Komposition auf eine höhere Einheit, als jene Einheit des Buchstabens, über die er sich oft wegsetzt und wegsetzen darf, durch das Band der Ideen, durch einen geistigen Zentralpunkt wird.« (II, 336, 373) Was Schlegel hier in dem fiktiven *Gespräch über die Poesie*[69] verkündet, hat Folgen für die normative Ästhetik. Der Gattung Roman wird ein Gestaltungsfreiraum eröffnet, der nur durch die Verpflichtung auf das Universale als geistig-ideelles Zentrum eingeschränkt wird. Mit anderen Worten: Die romantische Poetik rechtfertigt die ganze Palette erzählerischer Kunst, erlaubt, fordert gar die offene Form, kennt damit keine Normenverstöße mehr, solange die höhere Einheit der Idee künstlerisch erreicht wird. Ein »praktisches« Beispiel will Schlegel mit seinem geplanten Romanzyklus geben, von dem er aber nur den ersten Teil, eben *Lucinde*, realisiert.

Theoretische Äußerungen zum Roman finden sich in der Anfangszeit der Anstrengungen, den Roman als die moderne Literaturgattung schlechthin zu konstituieren, an verschiedenen Stellen seiner Schriften, bevorzugt in der Form des Fragments. Diesem messen die Romantiker, wie oben erläutert[70], einen besonderen Erkenntniswert zu, den sich Schlegel auch in seinen romanpoetischen Überlegungen zunutze machen will. Die Fähigkeit des Fragments, einen abstrakten Gedanken zu transportieren und zugleich selbst ein Kunstwerk zu sein, kommt ihm dabei entgegen: »Ein Fragment muß gleich einem kleinen Kunstwerke von der umgebenden Welt ganz abgesondert und in sich selbst vollendet sein wie ein Igel.« (II, 197, 206) Es hat die Eigenschaft, im Unterschied zu einer begrifflich-hierarchischen Argumentation, Willkür und Zufall in sich aufzunehmen – wie ein Roman. Und wie ein guter Roman regt es zum Weiterdenken an. Schlegel faßt seine fragmentarischen Überlegungen in dem Kapitel *Brief über den Roman* zusammen, das den Anspruch des Romans unterstreicht, die vorherrschende Gattung der Moderne zu sein. Zwar distanziert sich Schlegel später, nach seiner Konversion zum Katholizismus, von der Vorrangstellung dieser Gattung, konzediert jedoch deren unwiderlegbare Anerkennung in zahlreichen literaturgeschichtlichen Vorlesungen, die er ab 1807 hält.

Schlegel entwickelt seinen Begriff der literarischen Moderne in der bereits mehrfach erwähnten Schrift *Ueber das Studium der Griechischen Poesie*. Hier entwirft er eine Geschichtskonzeption, die die griechische Poesie erstmals in ein Verhältnis zur modernen setzt. Der epochemachende Aufsatz handelt daher stärker von der modernen Dichtung, als der Titel vermuten läßt. Schlegel weckt die Neugier auf seine Thesen, indem er seinen Text als Einladung zur genaueren Untersuchung der älteren Dichtkunst einführt, um den Streit zwischen den Anhängern der antiken und modernen Poesie zu schlichten. Seine mit charmanter Untertreibung garnierte Versicherung »Ich meine es ehrlich mit der modernen Poesie, ich habe mehrere moderne Dichter von Jugend auf geliebt, viele studiert und ich glaube einige zu kennen« (I, 207, 78) bekräftigt sein Bekenntnis zur Moderne um der »Utopie einer romantischen Dichtung willen«[71]. Damit ist der Studium-Aufsatz nicht nur von bahnbrechender Bedeutung für die Dichtungstheorie, sondern auch ein Dokument der persönlichen Entwicklung Schlegels. Zwischen 1795, als der Text entstand, und 1797, als er, um eine Vorrede ergänzt, publiziert wurde, beschäftigte sich Schlegel mit der Philosophie Fichtes und Schillers Schrift *Über naive und sentimentalische Dichtung*. War er zuvor von den Maßstäben, die die klassische antike Poesie gesetzt hat, ganz erfüllt, so wird sein Verständnis nun erweitert: »Gibt es reine Gesetze der Schönheit und der Kunst, so müssen sie ohne Ausnahme gelten. Nimmt man aber diese reinen Gesetze, ohne nähere Bestimmung und Richtschnur der Anwendung zum Maßstab der Würdigung der modernen Poesie: so kann das Urteil nicht anders ausfallen, als daß die moderne Poesie, die jenen reinen Gesetzen fast durchgängig widerspricht, durchaus gar keinen Wert hat. Sie macht nicht einmal Ansprüche auf Objektivität, welches doch die erste Bedingung des reinen und unbedingten ästhetischen Werts ist, und ihr Ideal ist das Interessante d.h. subjektive ästhetische Kraft. – Ein Urteil, dem das Gefühl laut widerspricht!« (I, 208, 79) Aus dieser Einschätzung ergibt sich die konkrete Frage, wie sich der ästhetische Wert moderner Poesie philosophisch retten läßt, ohne die antike als unersetzlichen Leitfaden zu mißachten. Ohne historische Relativierung geht die eine wie die andere in ihrer wesentlichen Bedeutung für die Kulturgeschichte verloren, und es bleibt von der Antike nur das rückwärtsgewandte Ideal, ohne produktive Kraft für die Zukunft. Das kann das Ergebnis nicht sein. Schlegel hingegen konstatiert die »innige Wechselwirkung der Geschichte der Menschheit und der praktischen Philosophie« (I, 208, 79) und entwickelt so das heute verbreitete Verfahren, Texte auch als Zeugnisse der jeweiligen historischen Epoche zu lesen und jede wertende Einschätzung in Beziehung zur Entstehungszeit zu setzen.

Schlegels Vorbild Winckelmann hat die Antike noch in ihrer absoluten Verschiedenheit zur Moderne wahrgenommen. Dem Ideal der »edlen Einfalt und stillen Größe«, das dieser als ein allgemeines Leitbild von den bildnerischen Kunstwerken auf die Poesie überträgt[72], bringt Schlegel Skepsis entgegen. Es scheint ihm ein Indiz einer einseitigen Verherrlichung des Alten zu sein, die zu einer nicht zu rechtfertigenden Dichotomisierung der Kunst führt, zu einem Ausblenden der Moderne. Schlegel erkennt hingegen, daß es zur Herausbildung einer richtungsweisenden, philosophisch begründeten Ästhetik notwendig ist, beide Epochen aufeinander zu beziehen. Im Studium-Aufsatz will er das klassische Altertum im progressiven Zeitalter konstituieren. Damit wird deutlich, daß seine Theoriebildung immer auf die historische Wirklichkeit bezogen ist, und diese Überzeugung fließt auch in alle späteren literaturkritischen Arbeiten ein, deren erstes Dokument der hier behandelte Aufsatz ist.

Für die Moderne verspürt Schlegel das Gefühl einer akuten historischen Zuspitzung und hegt zugleich Hoffnungen auf eine unmittelbar bevorstehende neue Zeit. Die »höchste ästhetische Erschlaffung in dem Zusammenhange unsres Zeitalters«, die er diagnostiziert, bewertet er zugleich als »ein offenbar günstiges Symptom der vorübergehenden wohltätigen Krise« (I, 258, 113).

Diese historische Sichtweise führt er in eine systematische Betrachtung über, indem er vom Gegensatz von »Objektivität« und »Interesse« spricht. Die »objektive« oder »natürliche« Einheit, die Poesie und Leben bei den Griechen bildeten, verliert sich in der nachantiken Zeit. Die Entfaltung des modernen »interessanten« Individuums und die Durchsetzung des Subjektivitätsprinzips zerstören die vormalige Harmonie. Die Folge ist die Zersplitterung der Kultur als Ausdruck dieser Krise der Moderne.

Eine Rückkehr zur Vergangenheit, die Wiederherstellung des Verlorenen ist nicht möglich, wohl aber die ästhetische Überwindung der Krise. Dies geschieht philosophisch durch eine dialektische Bewegung, indem aus der Subjektivität selbst ein neues »Objektives« erzeugt wird. Die Tendenz dazu sieht Schlegel bei Goethe: »Goethe hat sich in seiner langen Laufbahn [...] zu einer Höhe der Kunst heraufgearbeitet, welche zum erstenmal die ganze Poesie der Alten und der Modernen umfaßt, und den Keim eines ewigen Fortschreitens enthält.« (II, 347, 381) Die historisch-dialektische Methode der Literaturbetrachtung ist auch ein Modell der Zukunft.

Bedenkt man den Vorstoß des Studium-Aufsatzes, so kann es kaum überraschen, daß Schlegel auch in seiner Romantheorie weniger begrifflich als vielmehr historisch vorgeht. Daß er zahlreiche Werke der modernen Weltliteratur betrachtet, von Dante, Shakespeare, Cervantes, Rousseau, Goethe und vielen anderen, beweist nicht nur seine umfassende Textkenntnis, sondern ist mit der These verknüpft, die Moderne sei das Zeitalter des Romans. Dieser poetischen Gattung schreibt er die Fähigkeit zu, alle krisenhaften Symptome der Moderne zu überwinden und die Wiedervereinigung von Geist und Natur herbeizuführen, welche unter dem Einfluß der aufbrechenden Subjektivität auseinandergerissen wurden. Der Roman, der alle möglichen Stoffe behandeln kann, wird zu der Form der Literatur, die es dem Dichter erlaubt, eine umfassende Weltsicht zu gestalten. Ihm wird eine mythologisierende Legitimationsfunktion zugesprochen.

Der Roman wird so zur Form des neuzeitlichen Bewußtseins. Er vereint kritisch-reflexive Momente in sich, die in die dargestellte Handlung eingebunden sind. Der Roman wird zur Gattung, die Poesie kritisch und Kritik poetisch faßt; dabei fallen die Theorie des Romans und der Roman als solcher idealerweise zusammen. Von außen, ohne selbst poetisch zu empfinden, läßt sich ein Roman demzufolge gar nicht beurteilen. In seiner Rezension zu Goethes *Wilhelm Meisters Lehrjahre* macht Schlegel das Problem an diesem konkreten Werk deutlich: »Vielleicht soll man es also zugleich beurteilen und nicht beurteilen; welches keine leichte Aufgabe zu sein scheint. Glücklicherweise ist es eben eins von den Büchern, welche sich selbst beurteilen, und den Kunstrichter sonach aller Mühe überheben.« (II, 133f., 172) Der perfekte Roman repräsentiert das Ganze der Universalpoesie in einem einzelnen Werk und kann daher tautologisch definiert werden: »Ein Roman ist ein romantisches Buch.« (II, 335, 373) Das Adjektiv steht hier für die im Roman verwirklichte Synthese zwischen Poesie und Poetik: Der poetische Text gibt auch darüber Auskunft, wie er zu lesen und zu verstehen sei. Es ist eine Aufgabe hermeneutischer Interpretation und Kritik, diese Beziehungen freizulegen, ohne die Einheit anzutasten.

Die grundsätzliche Frage, die sich Schlegel in diesem Zusammenhang stellt, lautet: Wie soll ein Kritiker verfahren, der keine allseitig gültigen Normen akzeptiert, um Poesie zu beurteilen? Die normative Ästhetik, die sich beispielsweise an der Poetik des Aristoteles orientiert und in der Zeit der Aufklärung viele Anhänger hat, stellt ein von den jeweiligen Werken abstrahierendes, allgemeines Ideal auf und erhebt dieses zur Richtschnur der Kunstkritik. Schlegel möchte jedoch das individuelle Ideal jedes Werkes aufweisen. Das literarische Werk soll nicht mehr an vorgegebenen Normen gemessen oder nur subjektiv beurteilt, sondern im Zusammenhang des Gesamtwerks eines Autors bzw. einer Epoche bestimmt werden. Es ist Schlegels erklärte Absicht, die Eigengesetzlichkeit von Werk, Autor und Epoche freizulegen und das in Rede stehende Einzelwerk daran zu messen.

Er entwickelt deshalb seine neue Form der Literaturkritik, die er bereits in verschiedenen *Charakteristiken*[73] erprobt hat, zu einem hermeneutischen Verfahren der poetischen Analyse und Gewichtung weiter. Dabei geht er von der zuvor begründeten Einschätzung aus, daß die verschiedenen Kunstformen und Gattungen von ihrer Entstehungsgeschichte abhängig sind und nur unter Berücksichtigung derselben interpretiert werden dürfen: »[...] die Wissenschaft der Kunst ist ihre Geschichte.« (II, 290, 343)

Damit ist eine wichtige Stufe in der Entfaltung der Literaturkritik erreicht. Die an der Antike orientierte Theoriebildung, wie sie exemplarisch im Studium-Aufsatz hervortritt, wandelt sich zu einer historisch-kritischen Methode des Verstehens von Literatur, die in der Rezension des *Wilhelm Meister* gipfelt.[74] Schlegel reagiert hiermit auf die Krise der Literaturkritik im 18. Jahrhundert, die nicht mehr auf allgemeine, außer ihr liegende Maßstäbe zurückgreifen kann, sondern ihre Berechtigung durch einen eigenen kritischen Neuansatz nachweisen muß, der in der Lage ist, den neuen poetischen Verfahren zu entsprechen.[75]

Die »ästhetische Revolution« (I, 269, 121) der Kunstkritik, die Schlegel auf diese Weise herbeiführt, stößt zum Kernproblem aller hermeneutischen Deutungskunst vor. Es geht um die »Bestimmung von Geistigem aus dessen Objektivationen, in seiner ›Urform‹ der Vermittlung zwischen einem göttlichen, alles durchdringenden bzw. ordnenden Geist und dem menschlichen Verstand«[76]. Dieses komplexe Problem läßt sich konkret folgendermaßen fassen: Schlegels neues Paradigma der Literaturkritik folgt der These, daß die Frage nach der Absicht des Werkes das Verstehen leiten müsse, während die Absicht des Autors demgegenüber zurücktreten muß. Das Werk bildet sich also eigengesetzlich aus, es regelt den Verstehensprozeß und ist in allen seinen Teilen zugleich das Ganze. Verwirklicht ist diese Idealvorstellung einer »ästhetischen Entelechie«[77] in Goethes Roman *Wilhelm Meister*. Dieser Roman enthält, eingebunden in die Handlung, zahlreiche Dialoge und Lieder, d.h., er vereint epische, dramatische und lyrische Elemente, hebt also Gattungsgrenzen auf. Die Aussagen zur Poetik, die er ebenso aufweist, machen ihn zu einem philosophisch-kritischen Roman. Dadurch wird die Forderung Schlegels erfüllt, daß alle Kritik selbst poetisch sein muß: »Poesie kann nur durch Poesie kritisiert werden. Ein Kunsturteil, welches nicht selbst ein Kunstwerk ist, [...] hat gar kein Bürgerrecht im Reiche der Kunst.« (II, 162, 117)

In seiner Rezension formuliert Schlegel das Kernstück der hermeneutischen Theorie: Die Intentionen des Autors werden überlagert von dem Werk, das als geistige Verallgemeinerung, einem natürlichen Prozeß gleich, sich selbst organisiert und zu einer von seinem Verfasser tendenziell unabhängigen Schöpfung wird. Auf diese Weise entsteht, mit der Kraft der Geschichtsdialektik, aus dem »Subjektiven« ein neues »Objektives«. Schlegel verrät in diesem Zusammenhang, was den Dichter »am meisten zum Künstler macht: die geheimen Absichten, die er im stillen verfolgt, und deren wir beim Genius, dessen Instinkt zur Willkür geworden ist, nie zu viele voraussetzen können« (II, 131, 170).

Die Modernität der Schlegelschen Hermeneutik zeigt sich in diesem »dekonstruktiven« Ansatz, der sich weniger auf die

Fähigkeiten eines genialischen Autors als auf dessen Produkt bezieht. Demzufolge gilt, »daß jedes vortreffliche Werk, von welcher Art es auch sei, mehr weiß als es sagt, und mehr will als es weiß« (II, 140). Goethes Roman erfüllt das hermeneutische Ideal in nahezu allen Punkten und ist gleichsam der Prototyp dessen, was Schlegel unter dem Terminus »Transzendentalpoesie« zusammenfaßt. »Hat irgendein Buch einen Genius, so ist es dieses« (II, 134, 172), lautet die fast hymnische Lobpreisung des *Wilhelm Meister*, den Schlegel bekanntlich zu den »größten Tendenzen des Zeitalters« (II, 198, 216) zählt und damit zu einem ästhetischen Leitbild schlechthin erhebt.[78]

Schlegel schreibt Goethes Roman eine entscheidende Bedeutung für die Entwicklung der modernen Poesie zu, aber er stuft ihn nicht als ein Buch der Romantik ein. Die Grundzüge seiner romantischen Dichtungstheorie, wie sie im Studium-Aufsatz dargelegt sind, nämlich die Dichotomie von Antike und Moderne bzw. von »objektiver« und »interessanter« Poesie, hatte er schon entworfen, bevor er den *Wilhelm Meister* las.[79] Doch durch Goethes Werk, das ihm wie eine Bestätigung seiner Vorstellung erscheint, nimmt sein Interesse an der nachantiken Dichtung zu, und er überwindet allmählich den klassizistischen Standpunkt mit der Bevorzugung antiker Poesie. Die neue Wertschätzung moderner Literatur führt einerseits zu einer Weiterentwicklung der Persönlichkeit Schlegels, macht andererseits auf ein theoretisches Defizit aufmerksam, das er mit dem Konzept der Transzendentalpoesie beseitigen will.

Der Begriff des Transzendentalen hat durch Kant seine spezifische Prägung erfahren. Die zentrale Bedeutung, die diesem Begriff in der romantischen Philosophie zukommt, geht auf die radikale Wende in der Erkenntnistheorie zurück, die Kant herbeiführte. Dieser hatte den Maßstab des Erkennens nicht mehr im Objekt des Denkens gesucht, sondern dem Subjekt die entscheidende Stellung im Denkprozeß zugewiesen. Seine Metaphysik fußt auf den »Kategorien« genannten Gesetzen des menschlichen Denkens, die durch transzendentale Reflexion erkannt werden können. Die transzendentale Erkenntnis sucht das vor aller Erfahrung Gültige, das Apriorische, das die Möglichkeit des Erkennens überhaupt erst konstituiert. Transzendental ist das Denken, wenn es sich gleichsam auf sich selbst bezieht und die Bedingungen erkundet, denen es unterliegt. In vergleichbarer Weise verfährt eine Poesie, die sich über sich selbst reflektierend erhebt und noch diese Reflexion zu einem Bestandteil ihrer selbst macht. Deshalb hat Schlegel »nach der Analogie der philosophischen Kunstsprache« (II, 204, 238) seine dichtungstheoretischen Überlegungen »Transzendentalpoesie« genannt.

Dahinter verbirgt sich eine ganz konkrete Forderung an die Dichtkunst, man könnte sogar von einer Anweisung sprechen: Die Poesie soll »in jeder ihrer Darstellungen sich selbst mit darstellen« (II, 204, 238). Jedes Werk eines Dichters muß als von ihm Geschaffenes gekennzeichnet werden. In dieser Welt gelten dann eigene Regeln, die das dichtende Subjekt autonom gesetzt hat. Die Dichtkunst hat die Aufgabe, diese Souveränität des Dichters als Schöpfers in Form und Inhalt zu präsentieren; sie darf nicht mehr dem früheren Ideal einer Naturnachahmung folgen. Damit ist der Bruch besiegelt zwischen den klassischen Postulaten einer Nachahmungstheorie, wie sie Goethe und Schiller aufgestellt haben[80], und dem romantischen Entwurf einer transzendental begründeten Universalpoesie, die vornehmlich von Schlegel und Novalis entwickelt wird.

Ein weiterer Schritt zur Verwirklichung des romantischen Ideals der Einheit wird vollzogen, wenn Schlegel verlangt, daß der Dichter zugleich Philosoph sein soll. Weil die Transzendentalpoesie »ein anderer Ausdruck derselben transzendentalen Ansicht der Dinge« ist wie die Transzendentalphilosophie, lediglich »durch die Form« (III, 5) unterschieden, muß der Dichter die philosophische Reflexion über seinen Schaffensprozeß mit der poetischen Darstellungsform vereinigen. Auf diese Weise kann sich die Poesie »bis zur Höhe der Philosophie erheben« (II, 152, 42) und geht zugleich darüber hinaus, weil es ihr gelingt, das abstrakte Ergebnis der gedanklichen Reflexion zu realisieren, d.h., poetisch in die Erscheinung treten zu lassen.

Die Transzendentalpoesie, die Schlegel deshalb auch als »Poesie der Poesie« (II, 152, 42) bezeichnet, berührt sich eng mit der romantischen Ironie, die gleichsam als ihre Form oder als der vorherrschende Stilzug angesehen werden kann, denn sie ist ein Mittel zur Selbstreflexion. Wie ein »sich selbst belächelnder Schein« (II, 138, 175) soll die Ironie über den Werken schweben. Auf diese Weise gelingt es der Transzendentalpoesie, Distanz zu schaffen und aus diesem Abstand heraus ein kritisches Bewußtsein zu entwickeln, dabei aber gleichzeitig poetisch zu bleiben. Sie soll »die in modernen Dichtern nicht seltnen transzendentalen Materialien und Vorübungen zu einer poetischen Theorie des Dichtungsvermögens mit der künstlerischen Reflexion und schönen Selbstbespiegelung [...] vereinigen« (II, 204, 238). Damit wird eine gesonderte, philosophisch orientierte Ästhetik, die nicht selbst poetisch ist, überflüssig, ja, sie erweist sich als geradezu schädlich für das romantische Konzept einer Universalpoesie, deren erkenntniskritische Funktion transzendentalpoetisch begründet wird.

Mit dem programmatischen Satz von der progressiven Universalpoesie (vgl. II, 182, 116), deren verschiedene Implikationen wir bereits kennengelernt haben[81], verkündet Schlegel, daß ihm der Weg zu einer neuen Poesie, die das Unendliche ästhetisch erfahrbar macht, mehr bedeutet als das Ziel. Das Progressive der Universalpoesie liegt im Streben nach Einheit zwischen

Subjekt und Objekt bzw. Mensch und Natur. Die Identität der im Verlauf der Geschichte getrennten Aspekte soll wiederhergestellt und ästhetisch eingelöst werden. Während die Universalpoesie vor allem entwicklungsdynamisch gedacht wird, erfüllt die Transzendentalpoesie die erkenntnistheoretischen Funktionen dieses Entwurfs einer poetisierten Welt.

Friedrich Schlegel ist davon überzeugt, daß in der alles durchdringenden Kraft des romantisch zugespitzten Idealismus eine mythologienschaffende Macht verborgen liegt und daß man sie nur zum Leben zu erwecken braucht, um einen immanenten Zusammenhang von Poesie und Philosophie sichtbar zu machen. Dieser zeigt sich in jeder Dichtung, die den hohen Ansprüchen der frühromantischen Theorie genügt, jedoch nur im Prozeßhaften, im Werden, niemals in der Vollendung. Dabei bleibt die Poesie in ihrer Lebendigkeit an die Sprache gebunden, die wiederum mit Macht in der Einbildungskraft geistige Bilder evoziert, welche es auszulegen gilt. Darin liegt die Forderung nach einem Subjekt verborgen, das sich an diesem Kommunikationsprozeß beteiligt.

Poesie existiert also für Schlegel nicht in der Form eines vollendeten, in sich abgeschlossenen Kunstwerks, sondern nur als ein Werdendes, als Beziehung zwischen dem Künstler und seinem Werk einerseits und als Austausch zwischen dem Werk und den Rezipienten andererseits. Dieser Gedanke vom Primat des Werdens ist heute wieder modern in einer Gesellschaft, die sich zu einer Wissens- und Informationsgesellschaft umgestaltet, in der Kommunikation alles zu sein vorgibt. Hierzu ist ständige Bewegung erforderlich, die vormalige Grenzen aufbricht und zerfließen läßt. Auch die moderne postindustrielle Gesellschaft huldigt, ähnlich den Romantikern, einem Kult des Werdens, der jeden Stillstand verabscheut. Sie schafft mit ihrem Kommunikationsideal ein universelles Prinzip, unter dem alles zusammengefaßt werden soll: die Wissenschaften ebenso wie die Kunst, das profane Leben ebenso wie die Ökonomie und andere gesellschaftliche Strukturen und Bedingungen. Unter dem beliebten Schlagwort der Flexibilisierung scheint das Unstete zum Lebensziel des modernen Menschen zu werden, dabei erschweren die bestehenden ökonomischen Unsicherheiten eine individuelle Lebensplanung ebenso wie einen neuen gesellschaftlichen Grundkonsens.

So, wie die Kommunikationsgesellschaft ein Signum der Gegenwart ist, eint die romantische Bewegung weite Kreise der Intellektuellen um 1800. Nachdem in der Poesie und Literaturtheorie zahlreiche Neuanfänge angestoßen wurden, zerfällt der Romantikerkreis allmählich, nicht zuletzt durch den Weggang August Wilhelm Schlegels nach Berlin und die schwere, schließlich tödliche Erkrankung des Novalis. Andere Beziehungen lockern und lösen sich, z.T. im Streit, auf. Ganz im Sinne unserer heutigen Moderne beginnt für Friedrich Schlegel ein unstetes Leben, das ihm sowohl räumliche als auch geistige Flexibilität abverlangt, kontinuierlich begleitet von seinen bekannten ökonomischen Schwierigkeiten, die ihm den spöttischen Beinamen »Herr Friedrich mit der leeren Tasche« eintragen.

Erst im September 1799 war Schlegel aus Berlin nach Jena zurückgekehrt und hatte versucht, an der dortigen Universität Fuß zu fassen. Zwar erhielt er 1800 die Venia legendi für Philosophie, doch erwies sich sein Kolleg über Transzendentalphilosophie als Fehlschlag. Dieser Mißerfolg entmutigte ihn, und so siedelte er 1801 mit Dorothea für kurze Zeit nach Berlin über. Doch schon im Januar 1802 wohnte er wieder in Dresden, und eine ausgedehnte Reise über Leipzig, Weimar und Frankfurt nach Paris veranlaßte ihn, sich dort eine Wohnung zu nehmen. Es sollte ein Neuanfang sein. Dorothea sorgte als Zimmervermieterin für den eher bescheidenen Lebensunterhalt, Friedrich warf sich auf ein neues Feld geistiger Betätigung und begann 1803 ein Sanskritstudium.

In dieser Zeit der Unruhe verfaßte Schlegel in der zweiten Hälfte des Jahres 1801 sein einziges Drama, das Trauerspiel *Alarcos*, dessen Uraufführung durch Goethe im Mai 1802 vor Weimarer Publikum sehr unbefriedigend verlief. Die Zuschauer lachten an unpassender Stelle, und einzig Goethe, der das Drama schätzte, verhinderte mit seiner Autorität größere Tumulte.

Alarcos war der Auftakt zu umfangreichen dramatischen Plänen, die indessen nie realisiert wurden. Form und Inhalt des Werks hat Schlegel dem spanischen Drama des 16. Jahrhunderts entlehnt. Versmaß und Strophenform orientieren sich zwar an der klassizistischen Tradition, doch erhält Schlegels Text vor allem deshalb einen romantischen Anstrich, weil in ihm eine Formenvielfalt präsentiert wird, die neben assonierenden sechsfüßigen Jamben[82] immer wieder auch lyrisch selbständige Formen wie Stanzen und Sonette umfaßt.

Inhaltlich geht es um Fragen der Ehre, d.h. um die Auseinandersetzung mit menschlichem Verhalten und den herrschenden Regeln der Gesellschaft. Es ist für den Romantiker in diesem Zusammenhang interessant zu sehen, wie sich das Individuum, eine zentrale Kategorie des romantischen Denkens, unter dem Druck heterogener Normen entwickelt, wie es sich in tragische Schuld verstrickt.

Aus diesem Ansatz entsteht ein ästhetisches Problem, unter dem das Drama leidet und das zu seiner überwiegend ablehnenden Rezeption geführt hat. Formenvielfalt, die Beziehung zwischen Individuum und Gesellschaft wirken in dieser Kombination wie poetisch realisierte Deduktionen aus einer romantischen Theorie des Dramas. Vor der Niederschrift des *Alarcos* hatte Schlegel die wichtigen neuen Ideen ersonnen, die die Ästhetik der Frühromantik begründen, insbesondere die Überwindung der Gattungsgrenzen und der Ausgleich zwischen der klassischen und modernen Literatur. Es scheint fast, als habe ihm der Wunsch, diese Thesen in der Dichtung unmittelbar lebendig werden zu lassen, den Impuls für das Stück geliefert. Diesen heterogenen Ursprung kann er nicht kaschieren, denn man merkt es dem Drama an, daß es »nur eine angewandte Poesie« (II, 328, 366) ist und keine Ursprünglichkeit besitzt.

Anhand der Textfassung wird deutlich, daß es Schlegel bloß unzureichend gelingt, die bedeutenden theoretischen Neuerungen mittels des überkommenen Stoffs in diesem Drama poetisch umzusetzen. Daran konnte auch die Aufführung nichts ändern. Insbesondere die Figur des Grafen Alarcos, der sich als Person kaum gegen die Ansprüche anderer durchsetzen kann, eignet sich nicht, um aus dem Spannungsfeld zwischen Individuum und Gesellschaft eine wahrhaft romantische Einheit erwachsen zu lassen. Alarcos hat der Infantin Solisa die Ehe versprochen, ungeachtet seiner Verbindung mit Donna Clara. Als ihn der König an seine Zusage erinnert, weiß er keinen anderen Ausweg, als seine Frau zu töten, um seine Ehre nicht in Gefahr zu bringen. Merkwürdigerweise drückt sich seine Liebe zu Clara darin aus, daß er ihr die geplante Tat ankündigt, woraufhin diese sich selbst verletzt, damit er nicht zum Mörder werden muß. Doch kann sie nicht umhin, den König und seine Tochter zu verfluchen, denen sie ihren unmittelbar bevorstehenden Tod voraussagt. So kommt es, daß Alarcos nicht nur Clara, sondern – als sich ihre Prophezeiung bewahrheitet – schließlich auch sich selbst tötet.

Alarcos trägt selbst die Verantwortung für sein Handeln. Es gibt kein Schicksal, dem gegenüber er ohnmächtig ist. Deshalb ist er nicht der tragische Charakter, der schuldlos zum Schuldigen wird, wie in einer antiken Tragödie. Seine Schwäche besteht darin, daß er nie ernsthaft Widerstände aufbaut, am Ehrprinzip nicht zweifelt und mithin nicht der Typ Mensch ist, von dem die Romantiker sich so viel erhofft hatten, der mit sich selbst in Einklang lebt und zugleich die Normen der Gesellschaft verändert. Julius, die Hauptfigur aus dem Roman *Lucinde*, steht als Typ dem romantischen Ideal viel näher.

Die Kritik, die Schlegel für seinen Roman einstecken muß, hat viele Gründe, besonders im Zusammenhang mit dem zeitgenössischen Moralverständnis. Seine kulturrevolutionären Ansichten werden durch die öffentliche Mißbilligung jedoch eher gestärkt. Die Kritik, der sein *Alarcos* verfällt, ist genaugenommen vernichtender: Das Stück wird verlacht.

Der Grund liegt in Schlegels Unvermögen, den dramatischen Stoff so zu bearbeiten, daß an ihm selbst die Theorie poetisch erscheinen würde. Damit erfüllt er seine eigenen transzendentalpoetischen Forderungen nicht. Er hat sich sehr eng an das Handlungsschema der Vorlage gehalten und mit dem Grundkonflikt zugleich den kulturellen Hintergrund übernommen, das spanische Ehrverständnis im Kontext des romanisch-katholischen Weltbilds des 16. Jahrhunderts. So kann es nicht überraschen, daß das Publikum auf diese obsoleten Elemente unnachsichtig reagiert und das Stück insgesamt bei der Kritik durchfällt. Zwar äußert sich Goethe in einem Brief an August Wilhelm[83] noch wohlwollend und überzeugt von der metrischen Form des Werks, doch verteidigt er es nicht ausdrücklich gegen Schillers vernichtendes Urteil. In alter Abneigung gegen Friedrich Schlegel hat dieser seinem Freund Goethe geschrieben, daß ein »so seltsames Amalgam des Antiken und Neuest-Modernen [...] weder die Gunst noch den Respekt wird erlangen können«[84].

Trotz aller edlen Absichten ist es Schlegel nicht gelungen, im *Alarcos* einem breiten Publikum die ästhetische Weltsicht zu vermitteln, die er in seinen Fragmenten und Aufsätzen entwickelt hat und die den Kern der romantischen Poesie ausmacht. Das anspruchsvolle Unterfangen einer Poetisierung bzw. Romantisierung der Welt stellt hohe Anforderungen an die Menschen: Sie müssen genial werden. »Genie zu haben, ein Daemon[85] zu seyn ist d[er] natürl[iche] Zustand d[es] Menschen.« (XVIII, 315, 1475) Indem der Dichter, der wie alle Künstler zu den »Menschen in d[er] höheren Potenz« (XVIII, 403, 987) zählt, die Allgemeinheit zur Entdeckung der eigenen Genialität führt, kommt ihm eine besondere Aufgabe zu. Die Vehemenz, mit der Schlegel um 1800 diese Grundüberzeugung vertritt, steht im Gegensatz zu deren fehlgeschlagener dramatischer Umsetzung.

Die Enttäuschung, die der *Alarcos* hervorruft, hat indirekte Folgen für die ästhetische Theorie. In den Jahren nach 1800 setzt Schlegel neue Akzente, beläßt allerdings der Poesie ihre hervorragende Stellung in seinem Denken. Es kommt jedoch zu einer entscheidenden Verschiebung: War es die ursprüngliche Aufgabe der Transzendentalpoesie, durch Analyse produktions- und darstellungsästhetischer Verfahren zur Bildung und Erziehung der Menschen im Sinne einer romantischen Erneuerung beizutragen, so fällt der Poesie nun eine neue Funktion zu. Schlegel konzentriert sein Hauptaugenmerk auf die Menschen und sucht in den poetischen Werken etwas über sie zu erfahren, was sich in anderer Weise nicht erschließen läßt. So kommt er von einer eher begriffsorientierten Poetik zur Geschichte der Poesie, die ihm zunächst als ein Chaos begegnet, in das er einen roten Faden einziehen will, um eine Übersicht zu geben. (Vgl. XI, 10 f.) Der Gedanke einer progressiven Universalpoesie, Schlüsselbegriff der Frühromantik, tritt zugunsten einer eher deskriptiven Auseinandersetzung mit der Literatur in den Hintergrund.

Es wäre aber falsch, daraus den Schluß zu ziehen, Schlegel habe sich von der Romantik abgekehrt. Vielmehr gibt es biographische und systematische Gründe für diese Akzentverschiebung. Der biographische liegt in seiner Konversion zum Katholizismus, die er im April 1808, gemeinsam mit seiner inzwischen protestantisch getauften Frau Dorothea, in Paris vollzog. Der Gedanke daran hat ihn über Jahre beschäftigt. Wir werden später noch einmal darauf zurückkommen. Der systematische Grund liegt darin, daß sich die Romantik gewissermaßen etabliert hat; der politisch-revolutionäre Schub der frühen Jahre ist vorüber. Kritiker und Publikum haben sich mit den neuen Ideen vertraut gemacht, sie mit Zustimmung oder Ablehnung vermerkt. Schlegel selbst gibt die Forderung, daß alle Poesie romantisch sein soll, nicht auf, sondern verstärkt sie, indem er sie als selbstverständlich darstellt. In seiner Kölner Privatvorlesung *Über deutsche Sprache und Literatur* (1807), von der nur eine lückenhafte Mitschrift erhalten blieb, ist sie gar zu einem allgemeinen Gesetz geworden.

Die Formulierung allgemeiner Gesetze ist jedoch eine Aufgabe, die gemeinhin der Philosophie zugewiesen wird. Schlegel macht diese Bestimmung dagegen zu einem genuinen Bestandteil der Poesie. Ganz klar ordnet er sie der Philosophie über, weist letzterer lediglich eine wichtige Organon-Funktion zu, nennt sie »Methode, Konstitution der richtigen d.h. der göttlichen Denkart« (III, 7). In der Darstellung wird daraus ganz wie von selbst Poesie, die mit dem gewohnten Ganzheitsanspruch auftritt: »Die Poesie betrachten wir als die erste und höchste aller Künste und Wissenschaften, [...] Wissenschaft von dem, was allein und wahrhaft wirklich ist.« (III, 7) Diese Ansichten, die er in der zusammen mit August Wilhelm herausgegebenen Zeitschrift *Europa* (1803-1805) versammelt, machen deutlich, daß er an dem hohen Wert festhält, den die Poesie in der Romantik besitzt.

Seine Interessen haben sich nicht im Kern gewandelt, jedoch

verlagert. Das »praktische« Dichten von Romanen oder Dramen gibt er auf, entgegen hochfliegenden Plänen der frühen Phase. Er tritt noch als Verfasser zahlreicher Gedichte in Erscheinung und hält auf diese Weise an der Selbstverpflichtung fest, poetisch kreativ zu bleiben. Gleichwohl handelt es sich in seinem Spätwerk vor allem um philosophische und historische Themen, mit denen er sich beschäftigt. Dabei geht es immer wieder auch um alte und neue Literatur, die mit seinen neugewonnenen Schwerpunkten Philosophie und Geschichte in Beziehung gesetzt werden.

Die Differenz zwischen der früheren und späteren Phase seines Schaffens läßt sich auch anhand der Gedichte nachweisen, die er parallel zu seinen übrigen Arbeiten verfaßt. Viele enthalten typische Versatzstücke der Romantik wie Mond, Wald, Blume, Luft und Nachtigall. Diese dominieren Schlegels lyrische Naturbilder, um Stimmungen zu erzeugen, die alle Sinne ansprechen sollen und damit synästhetisch, d.h. die Sinnesgrenzen überschreitend, wirken. Einige Gedichte stehen in engem Zusammenhang mit dem Roman *Lucinde*, sollten z.T. in diesen integriert werden, was dann doch unterblieb. Andere sind selbständig und zeigen, daß Schlegel die Kunst des Verseschmiedens beherrschte, gern auch mit Formen experimentierte, jedoch kaum Gedichte hinterließ, die als einmalige ihrer Art Berühmtheit erlangten.

Das in der Romantik beliebte Motiv des Zaubergartens mit seiner metallischen Flora[86] gestaltet auch Schlegel: »Ein Zaubergarten liegt im Meeresgrunde,/ Kein Garten, nein aus künstlichen Krystallen/ Ein Wunderschloß, wo blitzend von Metallen/ Die Bäumchen sprossen aus dem lichten Grunde.« (Calderon, V, 310) Diese Bilder eines künstlichen Paradieses spielen später, in der Lyrik Baudelaires oder Stefan Georges, eine wichtige Rolle, so daß es scheint, als habe Schlegel hier einer kommenden ästhetischen Entwicklung vorgegriffen. Andere Gedichte weisen weder formal noch inhaltlich so weit in die Zukunft hinein. Der Anteil reflexiver Passagen ist in vielen Gedichten relativ groß, die poetischen Absichten sind gelegentlich allzu deutlich, was dem Geschmack seiner Zeitgenossen häufig nicht entsprach. Allerdings verstand sich Schlegel nie in erster Linie als Dichter wie etwa seine Freunde Tieck und Novalis, sondern als Kritiker und essayistischer Philosoph, der gelegentlich auch dichtete.

Es finden sich Huldigungen in Versform an Freunde wie Schleiermacher, Schelling und Tieck. Auch ein ästhetisches Projekt wie das *Athenaeum* wird besungen, so daß in dieser Zeit viele Gedichte den Zweck haben, nach außen und innen gruppenkonstituierend zu wirken. In der Elegie *Herkules Musagetes* (= Anführer der Musen), dem von den Alten verehrten Sinnbild für Körperkraft und geistige Vorzüge, verherrlicht Schlegel sich selbst und seinen Freundeskreis, indem er Analogien zur Antike bildet. Patriotisch wird sein Tonfall, wenn er eine direkte Verbindungslinie von Lessing über Winckelmann und Goethe zum Jenaer Romantikerkreis zieht, um von da aus die Deutschen als kulturelle Erneuerer Europas, als wahrhafte Erben Griechenlands zu preisen: »In Deutschland fließt/ Der Quell der neuen Zeit. Die aus ihm tranken,/ Sind wahrhaft deutsch.« (An die Deutschen, 1800, V, 300) Andere Gedichte setzen sich mit Literatur auseinander, besonders mit Sagenstoffen des Mittelalters, und vermischen die literarischen und historischen Interessen Schlegels mit einem zunehmenden religiösen Gehalt und einem Nationalbewußtsein, das durch seine Auslandsaufenthalte noch gesteigert wurde.

In der Zeit nach der Jahrhundertwende wandte er sich daher verstärkt Gedichten mit historischem Bezug und politischem Inhalt zu, des öfteren in satirischer Form. Als tiefere Schicht findet sich diese Thematik auch in Versen, die vordergründig Naturphänomene zum Inhalt haben. Im Zuge dieser Entwicklung verband er seine bisherigen Schwerpunkte mit seinem neuerwachten kritischen Interesse an geschichtlichen wie zeitaktuellen Themen. Gedichte waren ihm ein Mittel zu diesen Zwecken, weniger poetischer Selbstzweck. Hinzu kommt, daß er, getrieben durch seinen Wissensdurst, eher das Leben eines akribisch sammelnden Forschers als das eines beobachtenden Dichters führte.

In dem neuen Lebensabschnitt, der in Paris begann, widmete sich Schlegel dem Studium der orientalischen Sprachen Sanskrit und Persisch. Freilich wurde die ohnehin kümmerliche materielle Basis seines Lebens durch diese Tätigkeit nicht verbessert. Seine wichtigste Einnahmequelle waren Privatvorlesungen, finanziert durch die Brüder Boisserée, vermögende Kaufleute, die Schlegel in dieser Funktion eines Privatgelehrten unterstützten. Darüber hinaus nahmen sie seine Dienste in Anspruch, die man am ehesten als die eines kulturellen Beraters beschreiben kann.

In Paris nahm Schlegel 1803 eine umfangreiche Vorlesungstätigkeit auf, die sich über viele Jahre und mehrere Lebensstationen erstrecken sollte. Es ging ihm darum, die historische Begründung derjenigen Wissenschaften zu leisten, die sich mit der Literatur und Kunst, dem Recht und dem Staat, der Religion und dem Leben beschäftigen. In Köln setzte er die Vorlesungen mit den Schwerpunkten Universal- und Literaturgeschichte sowie Philosophie und Sprache fort. In diese Stadt war er den Brüdern Boisserée gefolgt. Dort hoffte er insgeheim auf einen Lehrstuhl an der neu zu gründenden Universität, was sich jedoch nicht realisierte. Es blieb ihm nichts anderes übrig, als weiterhin Privatvorlesungen zu halten, die gesellschaftlich anerkannt wurden und mit denen er sich als belesener Kulturhistoriker profilierte.[87]

Als Literaturgeschichtsschreiber stand Schlegel vor der schwierigen Frage, wie ein Historiker die Auswahl bestimmter Werke als literarische Klassiker begründen soll, wenn es keine normative Poetik mehr gibt. Wie wird die Bevorzugung einiger Werke vor anderen gerechtfertigt, ohne eine wie auch immer geartete Regelkonformität zu unterstellen? Schlegel setzte das individuelle, durchaus kritisch-reflektierte Verständnis an die Stelle der von vornherein allgemeingültigen Norm. Das Werturteil wurde in Form einer Charakteristik gefällt. Zum entscheidenden Kriterium wurde der Umstand, daß die Klassiker vor dem sezierenden Blick Schlegels Bestand haben mußten.

Es war aber nicht das eigentliche Ziel seiner mannigfaltigen Vorlesungen, einen Kanon literarisch sanktionierter Klassiker zu schaffen. Vielmehr ging es ihm darum, die geistige Zusammengehörigkeit Europas anhand der gemeinsamen Literatur und Kultur aller Staaten zu zeigen. Das war eine bedeutende Neuerung, denn Schlegel begriff als erster in der deutschen Literaturgeschichtsschreibung die poetischen Äußerungen der europäischen Völker als multinationale Einheit.[88] Diese Vorstellung kennzeichnete auch seine Beschäftigung mit der französischen, spanischen, englischen und italienischen Literatur, um nur einige zu nennen, die sich z.B. in Form von Übersetzungen und Textsammlungen in seinem Gesamtwerk niederschlug. Dabei stieß er auch Forschungen an, deren sich die Wissenschaft erst Jahre später annehmen sollte, wie die Beschäftigung mit provenzalischer Sprache und Literatur, deren Bedeutung er als erster erkannte.[89]

Das Überblickswissen über die europäische Kultur in ihrer multinationalen Identität, das er darzustellen versuchte, orientierte sich noch an einer Leitgröße des Aufklärungszeitalters, der Enzyklopädie. Während seiner Arbeiten an den Vorlesungen und anderen kulturtheoretischen Texten, also in den ersten

Dezennien des 19. Jahrhunderts, änderte sich die gesellschaftliche Organisationsform des Wissens allmählich und verzweigte sich in zahllose Einzeldisziplinen, wie wir es heute kennen. Von diesem Strukturwandel konnte Schlegel nicht ganz absehen, und so war es ihm unmöglich, seinen großen Anspruch eines umfassenden, d.h. auch explikatorischen Entwurfs der europäischen Kulturgeschichte einzulösen. Nach seinem Übertritt zum Katholizismus veränderten sich seine Anschauungen, und die größere Affinität zu den katholisch geprägten Teilen der europäischen Traditionen verengte seinen Blick auf das Ganze.

Das hat in der Rezeption des Schlegelschen Werks, so wie sie unmittelbar nach seinem Tod einsetzte, zu einigen teilweise kuriosen Auseinandersetzungen geführt, worauf wir im folgenden Kapitel näher eingehen. Ausgerechnet einem romantischen, d.h. auf Ganzheit bedachten Dichter und Denker ist es widerfahren, daß ihn die Nachwelt gleichsam »zweigeteilt« zur Kenntnis nimmt. Der frühe, »revolutionäre« Schlegel wird dabei oft in einem Kontrast zum späten, »katholischen« oder »reaktionären« gesehen, was sich wie ein Klischee auch durch die wissenschaftliche Literatur zum Thema zieht. Beispielhaft für diese Sichtweise ist eine Charakteristik, die Wilhelm Dilthey bereits 1870 als typisch für die Schlegel-Rezeption im 19. Jahrhundert zusammenfaßte: »Friedrich Schlegel, der Genosse der Verkündiger freier Individualität, der in ihrem Rechte bis zum Übermut geschwelgt hatte, in die Hand eines katholischen Priesters sein ererbtes Recht freien Denkens zurückgebend, unfähig seitdem, frei zu forschen und zu leben.«[90] Obwohl es wenig hilfreich ist, noch heute in diesem Zerrbild zu denken, kommt man doch kaum umhin, die Konversion als das einschneidende Ereignis in seinem Leben zu benennen, die konkrete Folgen für seine Weltsicht hatte, auch was seinen so wirkmächtigen kritischen Impetus betrifft.

4. »Es ist alles in einem«: Der Philosoph und Kritiker

Mit dem Erscheinen des *Athenaeums* erlangte Friedrich Schlegel Berühmtheit als einer der führenden Köpfe der Romantik. Dies macht leicht vergessen, daß er über viele Jahre als mittelloser Gelehrter zu einer immensen Textproduktion gezwungen war, die auch seinen Lebensunterhalt absichern mußte, was selten genug gelang. Er formulierte nicht gefällig genug, um mit seinen Studien einen großen Publikumserfolg zu erzielen. Dennoch ließ er sich nicht beirren und versuchte, den Themen treu zu bleiben, die ihn fesselten. Bereits ab etwa 1790 wurde die Beschäftigung mit der Metaphysik zu seinem Lebensinhalt. Seine philosophischen Ideen durchziehen alle Arbeiten, und doch konnte er seine Neigung zur Philosophie in seinen ersten Publikationen nicht in dem Maße verfolgen, wie er es sich gewünscht hätte.[91]

Durch sein Studium bei Christian Gottlob Heyne in Göttingen hatte Schlegel ein methodisches Instrumentarium erworben, das ihn in die Lage versetzte, sich systematisch der modernen Literaturwissenschaft zu widmen. Er tat dies immer mit philosophischem Erkenntnisinteresse: »Jeder Philolog muß ein Philosoph seyn.« (XVI, 47, 153) Die hergebrachte Art der wissenschaftlichen Auseinandersetzung an der Universität, die sich in weitläufigen Literaturkommentaren manifestierte, stimmte ihn jedoch unzufrieden. Er vermißte den erkennenden Zusammenhang bei zahlreichen dieser Abhandlungen, »wo die klein zerteilten Stücke des Textes wie einsam grünende Inseln auf dem Weltmeere eines immer strömenden Kommentars einzeln umherschwimmen, und oft darin zu versinken drohen« (III, 297). Ihm ging es hingegen darum, die Kohärenz zwischen Autor, Werk und Epoche aufzuzeigen und einer hermeneutisch-kritischen Würdigung zu unterziehen. Deshalb wehrte er sich gegen die selektive Lesart, »schöne Stellen und einzelne Bilder« (III, 296) aus den Texten herauszulösen und isoliert zu behandeln. Mit anderen Worten, er vermißte eine Philosophie der Philologie, die das Vorgehen begründen und reflektieren soll. Sein persönliches Anliegen war es, aus literarischen Kritiken gleichsam intellektuelle Waffen zu schmieden, die den philosophischen und literaturwissenschaftlichen Erkenntnisstand systematisch voranbringen sollen.

Durch sein neuartiges Verfahren, Literaturgeschichte in Form der Literaturkritik darzustellen und dieses Vorgehen in einem weiteren Schritt selbst zum Gegenstand einer historisch-kritischen Reflexion zu machen, führt Schlegel nicht nur epochale Neuerungen ein, wie wir im vorigen Kapitel gesehen haben, sondern verbindet auch die Bereiche Kunst bzw. Literatur mit Geschichte und Philosophie. Was er bisher in vielen Einzelarbeiten gezeigt hat, will er nun insgesamt philosophisch begründen. Seine ästhetische Grundhaltung, in deren Mittelpunkt die Begriffe »Schönheit« und »Harmonie« stehen, bleibt auch jetzt die Leitlinie seines Denkens. »Der Gedanke des Universums und seiner Harmonie ist mir Eins und Alles; in diesem Keime sehe ich eine Unendlichkeit guter Gedanken, welche ans Licht zu bringen und auszubilden ich als die eigentliche Bestimmung meines Lebens fühle.« (VIII, 49) Diese Ansicht hat in letzter Konsequenz zur Folge, daß sich der Sinn des Universums im allgemeinen und des menschlichen Lebens im besonderen nur durch die Kunst erfassen lassen, nicht mehr durch die Kraft des Denkens allein. Auf diese Weise wird die Ästhetik zur Metaphysik. Wir wollen die einzelnen Stationen dieses Weges nachzeichnen.

Ausgangspunkt ist das schon früh prononcierte Erkenntnisinteresse Schlegels. Gleichermaßen ist er der wissenschaftlichen Fragestellung nach dem Allgemeingültigen und Gesetzmäßigen wie der ästhetischen Problematik des harmonischen Zusammenhangs von Individuum und Totalität verpflichtet. Auf diese Weise will er die beklagte Isolation überwinden: »Die Philologie als Kunst ist viel zu isolirt [...]. Ohne Philosophie der Historie auch keine Philosophie der Philologie.« (XVI, 45, 121) So hat er mit knappen Worten umrissen, was er als seine philosophische Aufgabe ansieht, die Zersplitterung des Wissens aufzuheben und die einzelnen Bereiche der Philosophie auf eine gemeinsame Grundlage zu stellen: »Das Wesen der Philosophie ist die Allheit des Wissens zu suchen.« (XVIII, 13, 101) Dabei wird er mit der Schwierigkeit konfrontiert, die ästhetisch-anschauende Weltsicht mit der logisch-stringenten Bewußtseinslehre zu vereinigen. Immanente Widersprüche und unüberwindbare Antinomien wie der Gegensatz von Leben und Denken oder von Sinnlichkeit und Vernunft bedrohen dieses große Projekt von Anfang an und tragen dazu bei, daß das romantische Weltbild letztlich unvollendet bleibt.

Seine philosophischen Ideen vertraut Schlegel Notizheften an, die zu ständigen Begleitern des »work in progress« werden und den Wandel seines Denkens belegen. Viele Texte haben die Form des Fragments, die er auch zur Verbreitung seiner poetisch-romantischen Überlegungen bevorzugt. Diese Technik, komplexe Inhalte in einer prägnanten Form eher anzureißen als darzustellen, trägt ihm den Ruf ein, der unverständlichste Aphoristiker der Deutschen zu sein.[92] Sein Werk ist nicht eben auf bequeme Konsumierbarkeit ausgerichtet. Durch paradoxe Zuspitzungen und originelle Definitionen führt er das Denken bis an dessen eigene Grenzen, spielt mit dem Spannungsbogen zwischen gedanklichem Chaos und begrifflicher Ordnung.

Erst 1804/05, die Frühromantik hat den Höhepunkt schon überschritten, stellt er die Texte unter dem Titel *Philosophische Lehrjahre*[93] zusammen, behält jedoch den fragmentarischen Charakter der Aufzeichnungen bei. Auf diese Weise dokumentiert er zugleich seinen individuellen Bildungsweg, bei dem die Philosophie als Suchen oder Streben nach Wissen, aber nicht als eine abgeschlossene Wissenschaft aufgefaßt wird. Es soll deutlich werden, daß die geistige Entfaltung des Menschen ein Prozeß ist, der in der Zeit stattfindet. Dabei kommt es vor allem auf den Weg an, weniger auf das Ziel. In diesen Überlegungen ist die Historisierung der Bildung implizit angelegt: Der Bildungsgang des einzelnen ist auch ein Gegenstand der Geschichte. In seinen Texten zieht Schlegel Parallelen zu Platon, in dem er ein verehrtes Vorbild findet. Der Grieche »ist nie mit seinem Denken fertig geworden« (XI, 120), wie Schlegel lobend bemerkt, und er kann sich damit stärker der Wahrheit nähern als andere, die stets ein vermeintliches Resultat ihrer Anstrengungen präsentieren.

Philosophisch geschult wird Schlegel vor allem durch Fichte, mit dem er sich wie mit keinem anderen Denker kontinuierlich auseinandersetzt.[94] Dieser hat die von Kant eingeleitete erkenntnistheoretische Wende in eine Philosophie der Subjektivität münden lassen, welche die Anschauungen der Frühromantiker maßgeblich beeinflußt. Die Sympathie dieser Kreise trägt ihm auch sein für die damalige Zeit revolutionäres Verfahren ein, Vorlesungen nicht anhand eines eingeführten Lehrbuchs zu halten, sondern eigene Ideen zur Grundlage zu machen.[95] So sind einige seiner bedeutendsten Werke zunächst als Begleittexte der Lehrveranstaltungen erschienen, und als solche kennt sie auch Friedrich Schlegel, insbesondere die *Wissenschaftslehre* in der ersten Fassung von 1794.

Durch die eigenen kulturkritischen Arbeiten ist bei Schlegel der Wunsch entstanden, die empirisch gestellte Diagnose über das Wesen des modernen Zeitalters philosophisch zu erhärten. Fichtes Ansatz scheint ihm ein plausibler Versuch der Weiterentwicklung des Kantischen Systems zu sein. Besonders fasziniert ihn die postulierte Voraussetzungslosigkeit der Fichteschen Philosophie und deren Gewißheit eines unendlichen, sich selbst setzenden Ich, das zum Zentralpunkt des Denkens wird. Die Kehrseite dieser These ist jedoch eine Herabsetzung der Natur zu einem bloßen »Scheinwesen« (VIII, 68). Daraus wird eine gegen die romantische Grundüberzeugung gerichtete Tendenz klar erkennbar, mit der Schlegel nicht einverstanden sein kann. Der Romantik geht es bekanntlich nicht um eine Hierarchisierung im Verhältnis von Geist und Natur, sondern um einen harmonischen Ausgleich bis hin zur Identität beider, also um das Problem, daß die Substanz Subjekt werden muß und umgekehrt. In einer Sammelrezension verschiedener Fichtescher Werke[96], die 1808 in den *Heidelberger Jahrbüchern* erscheint, hat Schlegel genau dieses Problem bloßgelegt. Er tritt in einen noch schärferen Gegensatz zu Fichte, wenn er dessen Verabsolutierung des Wissens ablehnt und sich selbst zugleich zur Offenbarung bekennt: »Das bloß willkürliche Subjektive und Individuelle ist eine ebenso unzureichende Form für die Idee als die gemeine Objektivität des Wissens. Es dürfte auch der Fall stattfinden, daß es noch außer und über dem Glauben und Wissen ein Höheres und Drittes gäbe, was den ersten überzeugend oder bestätigend, das zweite beseelend und belebend, der gemeinschaftliche Träger von beidem wäre.« (VIII, 84 f.) Obwohl Schlegel hier nicht näher darauf eingeht, was konkret unter diesem Höheren zu verstehen ist, wird der religiöse Wandel deutlich. Mittlerweile Katholik geworden, rechnet er nicht nur aus romantischer Sicht mit Fichte ab, sondern auch aus der Haltung einer dogmatisch gebundenen Weltanschauung, zu der er über einen längeren Zeitraum hinweg gefunden hat.

In der Fichte-Rezension entdecken wir eine beachtliche Selbsterkenntnis und ein aus der »katholischen Distanz« gewonnenes Urteil über die eigene philosophische Entwicklung. So stellt er nun fest, daß mit Bezug auf Fichte die »geglaubte Übereinstimmung keine reelle war, sondern nur in polemischer Hinsicht und im gemeinschaftlichen Gebrauch gewisser Formen und Methoden stattfand«[97]. Es ist jedoch nicht mehr seine primäre Absicht, aus seiner kritischen Haltung gegenüber Fichte ein eigenes philosophisches System zu entwickeln, wie es z.B. Schelling und Hegel unternommen haben. Das mag zum einen am immer noch deutlich spürbaren Einfluß der Romantik liegen, die die systemsprengende Kraft der Widersprüche in der chaotischen Fülle ästhetischer Ideen aufheben will, was letztlich durch die Macht der Poesie garantiert werden soll. Und diese bedarf eines Systems, das zugleich systemlos ist. (Auf die philosophischen Schwierigkeiten dieser Idee kommen wir gleich zu sprechen.) Zum anderen hat Schlegel mit seinem Bekenntnis zum katholischen Glauben auch einen philosophischen Positionswechsel vollzogen, wodurch der Freiheitsenthusiasmus des frühromantischen Denkens in einen anderen Rahmen gestellt wird. Das Ungebundene, Unendliche seiner Anschauungen hat einen festen Bezugspunkt erhalten.

Im vorigen Kapitel wurde der Weg Schlegels als Dichter und Literaturkritiker in den Mittelpunkt gestellt. Es gilt nun, weitere philosophische Leitideen vorzustellen, die sich vor allem in seinen späteren Werken entfalten. Die bereits in der Dichtungstheorie wichtigen Begriffe wie »Individuum« oder »System« werden nun in anderer Weise akzentuiert.

Beginnen wir also mit einer kurzen Rekapitulation romantischer Grundannahmen. Am Anfang wird das weitgespannte frühromantische Projekt einer umfassenden Neugestaltung der geistigen Welt von einer einzigen Klammer zusammengehalten, dem Individuum, das als Ich zugleich alles sein soll. Es geht um das Problem der Selbstbestimmung des Absoluten. Noch unter dem Einfluß Fichtes stehend, wandelt Schlegel dessen Formel vom Ich=Ich ästhetisch um und formuliert griffig: »Ich soll Poesie werden.«[98] Dieser Imperativ verlangt nach Individualität ebenso wie nach Originalität, und er bürstet die Fichtesche absolute Autonomie des Ich kräftig gegen den Strich: Es gibt etwas, wonach das Ich streben muß, ein Übergeordnetes, Umfassenderes. Schlegel hat die Idee dazu der spekulativen Philosophie Spinozas entlehnt, die sich dem Unendlichen widmet. Fichte hingegen interessiert sich in der Frage der Selbstbestimmung des Absoluten vor allem für die Konstitution des Bewußtseins. Den Gegensatz beider Lehren versucht Schlegel zu vermitteln, indem er den Begriff der Individualität mit dem Unendlichen kombiniert, wobei er allerdings in die oben bereits angedeuteten Begründungsschwierigkeiten gerät.

So heißt es in einem Fragment: »Grade die Individualität ist das Ursprüngliche und Ewige im Menschen« (II, 262), doch bemerkt Schlegel, daß die argumentative Kraft dieses Postulats nicht ausreicht, den Vorwurf des Partikularismus abzuwehren. Dieser ist aber dem universalen Anspruch der Grundidee abträglich. Deshalb muß ein weiterer Begriff eingeführt werden, der zur Stabilisierung beiträgt, indem er objektivierend wirkt und die Gefahr einer entsubstantialisierenden Subjektivität bannt, ohne letztere gänzlich zu vernichten. Der gesuchte Begriff heißt »System«, und er ist zugleich Stütze und Gefahr für das Denken: »Es ist gleich tödtlich für den Geist, ein System zu haben, und keins zu haben. Er wird sich also wohl entschließen müssen, beides zu verbinden.« (II, 173)

Nach den Regeln der überkommenen Logik läßt sich dieses Problem freilich nicht ohne weiteres lösen. Dennoch unternimmt Schlegel in seiner Vorlesung über *Transzendentalphilo-*

sophie (1800) den Versuch, System und Systemlosigkeit zu verbinden. Hier offenbart er die speziellen Eigenheiten seines Denkens, die ihn von den Hauptvertretern des deutschen Idealismus, namentlich Fichte, Schelling und Hegel, unterscheiden. Wie diese wird auch Schlegel von der Wende zum Kritizismus bestimmt, die die Philosophie seit Kant genommen hat. Schlegel hat das kritische Vermögen des Geistes, von Kant zur Richtschnur philosophischer Werthaltigkeit erhoben, produktiv und erfolgreich auf die Literaturkritik und die Analyse ästhetischer Verfahren angewandt. Doch was ihn von den übrigen Denkern des deutschen Idealismus trennt, ist die typisch romantische Tendenz zur rationalen Unschärfe. Strenge Deduktion, wie wir sie bei den anderen finden, ist seine Sache nicht. Sein Modell ist das Experiment. Er übernimmt es als unabhängige Methode aus der Physik und verlangt, daß jeder, »der philosophieren will, immer wieder von vorne anfangen« muß. (XII, 1) Seine philosophischen Fragmente sind »Definitions-Experimente«[99].

Daraus spricht das Mißtrauen gegen das Vorgefertigte. Die Crux ist nur, daß sich das Denken gleichwohl der Logik als »Organon zur Wahrheit« (XII, 1) bedienen muß und in die Gefahr gerät, einem Schematismus zu verfallen. Indem Schlegel seine Skepsis auch gegen die Regeln des Denkens richtet, hofft er, diesem Dilemma zu entgehen und zur »Quelle der Wahrheit« (XII, 1) vorzustoßen, die auf einer höheren Ebene liegt. Diese Ansicht deckt sich mit dem wichtigsten Theorem der Romantik, dem Unendlichen, oder in Schlegels Worten: »Es ist alles in einem, und eins ist alles.« (XII, 7)

Auf einen Grundzug romantischen Denkens verzichtet Schlegel nämlich auch als Philosoph nicht. Es ist dies die Unabhängigkeit von jeglicher Kategorienbildung, die Abkehr von Normen und die Ersetzung des Allgemeinverbindlichen durch das

Individuelle bzw. Geniale. Man kann auch sagen: Statt der Kompromisse gibt es bei ihm die Extreme.

Diese Ungebundenheit ist Schlegel zufolge ein Kennzeichen der Dichtung, und sie macht auch das Spezifische seiner Philosophie aus. Dazu bringt er die kreativ-künstlerischen Fähigkeiten mit dem begrifflichen Denken zusammen und versteht diese als zwei Seiten der menschlichen Intellektualität, die nicht zu trennen sind. Den Dualismus von Sinnlichkeit und Verstand, die analytische Trennung der verschiedenen Vernunftvermögen, die Differenz von intelligibler und phänomenaler Sphäre – alle diese Grundelemente der Kantischen Philosophie glaubt er damit überwunden zu haben. Seine Kritik ist radikal und heftig: Er wehrt sich gegen begriffliche Abstraktionen, die die Rationalität einseitig betonen. Hingegen ist die ästhetisch bestimmte Reflexion bestrebt, die Vereinigung der Gegensätze zu denken.

Schlegel will zum Ursprung zurück. Begriffe, einseitig gebraucht als Werkzeuge des Denkens, hindern das Bewußtsein daran, die Wirklichkeit als unmittelbare wahrzunehmen. Sie machen es unmöglich, in den vorbegrifflichen Zustand einzutauchen, der dem logischen Denken vorangeht. Sie legen einseitig fest, was im Fluß ist, wogegen sich Schlegel vehement wendet: »Ungeheurer Irrthum, daß von jedem Begriff nur *Eine* Definition möglich sei; *Unendlich* viele.« (XVIII, 86, 672)

Wenn es also gelingt, »sich richtige *Begriffe* von allen Gegenständen zu bilden, [...] so nähert sich der Begriff der Logik sehr dem der *Kritik*, ja er fällt beinahe mit diesem zusammen« (XIX, 307). Auf diese »richtigen Begriffe« ist die Philosophie ausgerichtet, alle anderen sind aufgrund ihrer Bindung an die strukturellen Voraussetzungen des Denkens in Schlegels Augen determiniert und damit untauglich zur Unmittelbarkeit der Erkenntnis.

Zwei Begriffe, das »Unendliche« und das »Bewußtsein«[100], können allerdings aufgrund ihrer transzendenten Struktur der

Determination entfliehen. Weil man, »um jene Begriffe zu fassen«, nicht nur aus sich selbst, »sondern auch aus aller Erfahrung hinausgehen muß« (XII, 28), kann man die Begrenzung übersteigen und zum Ursprung vordringen. Die Philosophie ist dann vollendet, wenn *alle* Begriffe transzendent sind. Dieses Ideal der Philosophie ist aber nie erreichbar: »Nichts ist absolut transcendent; alles hat seine Sphäre. Was absolut transcendent wäre, kann nicht existiren.« (XVIII, 82, 634)

Gibt es nun keine Rettung aus diesem Dilemma? Die Rolle der Vernunft, die seit der Aufklärung auf einem Siegeszug war, wird durch diesen Befund deutlich abgeschwächt. Damit hat sich ein Wandel vollzogen. Noch 1799 fragte Schlegel in seinen *Philosophischen Fragmenten* hoffnungsfroh: »Ist nicht die Vernunft die Mittlerin zwischen Menschheit und Universum?« (XVIII, 241, 578) Im Rahmen der Transzendentalphilosophie kommt er jedoch zu einem anderen Ergebnis. Den Zusammenhang des Unendlichen mit dem Bewußtsein kann die Vernunft nicht hinreichend herstellen. Hingegen gelingt dies der Kunst: »Es läßt sich kein Kunstwerk aufzeigen, wo nicht die beyden Begriffe, das Unendliche zum Bewußtseyn zu bringen, oder das Bewußtseyn ins Unendliche fortzusetzen, als der letzte Grundsatz aufgestellt ist.« (XII, 29) Die Mitte zwischen beiden Begriffen nennt Schlegel »Realität« (XII, 32) und macht diese zum Ausgangspunkt seiner Philosophie.

Freilich hat der Begriff »Realität«, wie Schlegel ihn versteht, wenig mit dem umgangssprachlichen Ausdruck gemeinsam, der sich auf die wahrnehmbare Wirklichkeit bezieht. Bei Schlegel ist er gleichsam ein Produkt, entstanden aus der Verbindung zweier gegensätzlicher Systeme, der Philosophie Fichtes und der Lehre Spinozas. Steht bei ersterer das Bewußtsein im Zentrum und bei letzterer das Unendliche, so will Schlegel mit seinem Mittelbegriff »Realität« ein »Kriterium« (XII, 32) gewinnen, aus dem eine Theorie der Welt und des Menschen entwickelt werden kann, bevor in einem weiteren Schritt die Rückkehr der Philosophie in sich selbst (vgl. XII, 91) erfolgt. Grundmodell ist eine schematisierte Dialektik, die jeweils zunächst das positive, dann das negative Element und schließlich die Verbindung beider untersucht. Schlegel nennt diese Methode »Experimentiren« (XII, 32), wie er überhaupt gerne auf Denkstrukturen der Naturwissenschaften, insbesondere der Physik, zurückgreift, um seine transzendentalen Konzepte zu veranschaulichen.[101] Er legt es aber nicht darauf an, seine Gedankenschritte stringent zu entfalten, wie es z.B. Hegels spekulatives Philosophieren tut. Freie Deduktionen und kühne Definitionen wechseln sich in dem Text ab, der wie in einer ironischen Brechung formale Züge eines systematischen Aufbaus trägt, in sich jedoch eher sprunghaft und irritierend wirkt.

Viele spätere philosophische Abhandlungen und Vorlesungen sind der *Transzendentalphilosophie* von der Konzeption her ähnlich, was z.B. die gebrochene Stringenz und andere Strukturmerkmale betrifft, die das Verständnis erschweren mögen. Schlegel verlangt von seinem Publikum nicht weniger, als ihm in diesem Denken zu folgen und dabei von den gewohnten Regeln Abstand zu nehmen, was schon den Zeitgenossen wie eine Zumutung erscheint, die sich angeblich auf seine Charaktereigenschaften zurückführen läßt: »Es gehört [...] die freieste Übersicht dazu, um sich in dieser aus Widersprüchen, Verwicklungen, Seltsamkeiten, Verstecknissen und Unregelmäßigkeiten aller Art zusammengesetzten Natur zurechtzufinden.«[102] Die Geduld und Verständnisbereitschaft der Leser wird besonders durch Schlegels Bemühungen strapaziert, den Systembegriff mit der fragmentarischen Methode in Einklang zu bringen, der eine gewisse Willkür von vornherein inhärent ist. Dieser muß deshalb von anderen Verwendungszusammenhängen unterschieden werden.

Obwohl der Begriff »System« gleichermaßen eine zentrale Funktion innerhalb der Philosophie des deutschen Idealismus hat, orientiert sich der Schlegelsche Systembegriff explizit weder an der kritischen Philosophie Kants noch an der Lehre des Systematikers Fichte. Er hat ganz andere Vorbilder als die Aristotelische Logik oder die Hegelsche Spekulation. Vielmehr bezieht sich die romantische Verwendung des Begriffs auf einen unbegrenzten Kosmos, in dem alle Teile qualitativ einander gleich sind und dessen Harmonie keine hierarchische Ordnung kennt. Dieser Kosmos bildet ein System von Relation und Analogie und ist daher eine zugleich immanente und transzendente Welt. Das System ist auf Vollständigkeit angelegt: »Ein philosophisches System ist nur im ganzen verständlich; daher muß man es in seinem ganzen Umfang übersehen können. Ein System, worin auch nur ein Teil fehlt, ist für die Kritik der Philosophie überhaupt von ebenso geringem Wert, als ein bloßes Fragment aus einem ganzen System.« (XII, 112) Es geht also nicht um die Isolation einzelner Elemente, sondern um deren Entsprechung in einem Zusammenhang, der als Ganzes überschaubar sein soll. Unter diesem Gesichtspunkt wird deutlich, daß Schlegel der ästhetischen Erkenntnis keine Sonderrolle zuweisen kann, sondern sie zu einem genuinen Bestandteil seines Denkens machen muß.

Freilich ist auch sein »System« nicht ganz ohne Vorbild. Anklänge an den Neuplatonismus werden spürbar. Dessen Weltbild einer allumfassenden Analogie von Makro- und Mikrokosmos gilt zwar in wissenschaftlicher Sicht spätestens seit der Aufklärung als obsolet, bewahrt jedoch seine Tradition in der Poesie. »Ist nicht alle Einheit und Ganzheit poetisch? Ist System ein logischer Begriff?« (XVIII, 86, 674) lauten die wohl rhetorisch gemeinten Fragen. Ein poetisches System, das sich in seinem Systemcharakter zugleich transzendiert – dies ist das Ideal, auf das sich die romantische Ästhetik ausrichtet, die auch erkenntnistheoretische und ethische Konzepte in sich vereinigen möchte. Dabei lenkt Schlegel deren kritisches Potential nicht gegen die Grundlagen des eigenen Denkens. So spielt z.B. die heikle Auseinandersetzung mit dem Problem, ob die Poesie diese anspruchsvolle Integrationsarbeit überhaupt zu leisten vermag, eine unbedeutende Rolle. Dabei muß die Frage erlaubt sein, ob sich die Dichtkunst an einer transzendentalen Reflexion messen lassen kann bzw. sollte.

Diese Frage beschäftigt u.a. die Aufklärer Lessing und Mendelssohn. Doch selbst der Lessing-Kenner Schlegel übergeht nur zu gern dessen mahnenden Einwand, »ob denn ein Dichter, als ein Dichter, ein System haben könne« [103]. Ebensowenig kann der Frühromantiker Lessings Behauptung zustimmen, daß die »sinnliche Rede der Poesie« sich durchaus nicht zu einer Systembildung eigne. Eben den aus Sicht der Romantiker vermeintlichen Gegensatz zwischen logischem Denken und poetischer Sinnlichkeit gilt es zu überwinden. Das aufklärerische Rationalitätsprimat, das aus Lessings Mahnung spricht und der Poesie eine begrenzte Funktion zuweist, muß deshalb auch philosophisch gebrochen werden.

Die entsprechende Diskussion hat sich seit Lessings Zeiten bis zum Ende des 18. Jahrhunderts konsequent weiterentwickelt. Friedrich Schlegel steht mit seiner Forderung nach einer umfassenden Romantisierung und Ästhetisierung durch die Kraft der Poesie nicht allein. In dem sogenannten *Ältesten Systemprogramm des deutschen Idealismus*, dessen Urheberschaft umstritten ist und das als eine Art Gemeinschaftswerk den Philosophen Schelling und Hegel sowie dem Dichter Hölderlin zugeschrieben wird, wird die Idee einer neuen Mythologie beschworen, um die Trennung von Sinnlichkeit und Verstand praktisch zu überwinden.[104] Indem die Mythologie Grundlage des dichterischen Weltverständnisses wird, fällt der Poesie eine bedeutende Rolle zu: »Die Poesie bekommt dadurch eine höhere Würde, sie wird am Ende wieder das, was sie am Anfang war – Lehrerin der Menschheit.«[105] In der Gestalt der Poesie als Idee der Schönheit wird anschaulich, was die Philosophie als unendliche Vermittlung des Gegensatzes von Subjekt und Objekt lediglich denken kann. Friedrich Schlegel geht noch darüber hinaus und hierarchisiert das Verhältnis von Philosophie und Poesie: »Wo die Philosophie aufhört, muß die Poesie anfangen.« (II, 261, 48) Ihrer Differenz entspricht die Unterscheidung von nur Denkmöglichem und real Anschaubarem, und insofern überstrahlt die Poesie das ganze philosophische System, das keines sein will.

Die romantische Ästhetisierung der Welt verdeckt jedoch mit ihrem universalen Anspruch, daß sie als Gegenimpuls zur Aufklärung diese nicht aufhalten, geschweige denn umkehren kann. Das ist Schlegel wohl bewußt, worin seine philosophische Stärke liegt. Kritisches Denken als Errungenschaft der Philosophie seit Kant soll nicht verworfen, allerdings von der Poesie noch übertroffen werden. Hierin besteht eine der Grundaussagen seiner Philosophie.

Die Spannung zwischen poetisch-kreativer und philosophisch-analytischer Auseinandersetzung mit der Welt ist für Schlegel eine Art Leitstern, an dem er sein Denken immer wieder ausrichtet. Auch die späteren Werke negieren diesen Spannungsbogen nicht, selbst wenn Schlegel aufgrund seiner neuen religiösen Überzeugung andere Impulse setzt, die den Glaubensaspekt stärker betonen. In seinen *Vorlesungen zur Geschichte der alten und neuen Literatur* (1812) versucht er eine philosophiehistorische Einordnung und verbindet die unterschiedlichen Denkstile mit den Namen Platon und Aristoteles. Es wird ganz deutlich, wem er den Vorzug gibt: »Wer irgend eine höhere Überlieferung der Wahrheit und Quelle der Erkenntnis zugibt, der berührt eben damit auch den Plato und betritt das Gebiet seiner Philosophie, die ja ohnehin kein beschränktes System, sondern eine sokratische Kunst und ein freier, aller Erweiterung fähiger Geistesweg ist. Für alle aber, welche den andern Weg der Vernunft und der Erfahrung wählen, wird es schwer und fast unmöglich sein, den Aristoteles zu umgehen oder zu übertreffen.« (VI, 95)

So gipfelt seine Verehrung Platons darin, daß er in dessen Werken den philosophischen Prototyp der (im romantischen Sinne) ästhetischen Weltanschauung erkennt. Platon ist allerdings der Philosoph, der in seinem Staatsentwurf *Politeia* die Dichter nicht als Verkünder der Wahrheit anerkennt und sie am liebsten aus der Gemeinschaft verbannt wissen will. Das stört Schlegel augenscheinlich nicht, denn er erkennt bereits 1797 im ersten Konvolut der *Philosophischen Fragmente*: »Jeder Satz jedes Buch, so sich nicht selbst widerspricht, ist unvollständig.« (XVIII, 83, 647) Irritationen, die dadurch hervorgerufen werden, können für das Denkvermögen nur produktiv sein. Sie halten es in Fluß.

Es geht Schlegel deshalb weniger darum, einen neuen Ausblick auf die Philosophiegeschichte zu geben, als vielmehr um die Vermittlung der seit Jahrhunderten getrennten Vermögen Sinnlichkeit und Verstand. Dazu ist aus seiner Sicht noch viel Denkarbeit vonnöten. Dieser Dualismus kennzeichnet außerdem die kritische Philosophie Kants, während Schlegel durch Poetisierung die Diskrepanz zu überwinden sucht. In dieser vermittelnden Funktion sind Philosophie und Poesie nicht mehr trennscharf zu unterscheiden. Das ist gleichsam die Quintessenz der Lehre Schlegels, bevor er sie mit seiner Konversion zum Katholizismus durch die Betonung des Glaubens verändert. Der eigenen Einschätzung nach bleibt er sich dabei jedoch in seiner geistigen Entwicklung immer treu; der Glaubensaspekt ist ihm notwendige Fortführung seines Denkens nicht im Sinne eines Gegensatzes, sondern einer Ergänzung. 1818, gut zehn Jahre nach seinem Religionswechsel, bekennt er sich zwar zur kritischen Philosophie seiner frühen Jahre, bemerkt daran aber ein aus der Sicht der Spätphase erkennbares Defizit: »Was darin einzig fehlte, ist der *geistige Mittelpunkt der Erleuchtung und des Glaubens*, den ich jedoch frühzeitig anfing zu suchen.« (XIX, 346, 296)

Der Wechsel zum Katholizismus vollzieht sich für den immerhin als Sohn eines protestantischen Geistlichen aufgewachsenen Schlegel nicht in einem spontanen Schritt, sondern ist das Ergebnis vielfältiger Erwägungen. Mit Rücksicht auf familiäre Traditionen, insbesondere auf die Mutter, zögert er lange, selbst als seine innere Hinwendung zum katholischen Glauben schon deutlich wird.[106]

Es ist für viele Zeitgenossen überraschend, als der Übertritt im April 1808 bekannt wird. Doch aus der Perspektive romantischer Grundparadigmen wie Universalität, Allmacht der Liebe und Hinwendung zum Unendlichen lassen sich durchaus »katholische« Denkmuster feststellen. Der Freiheitsimpuls, ebenso Grundzug romantischen Denkens, läßt allerdings andere wie Tieck oder auch August Wilhelm Schlegel vor einer tatsächlichen Einbindung in diese Konfession mit ihrer spezifischen Dogmatik zurückschrecken. Nicht so Friedrich: Er scheut den Skandal nicht und folgt seiner Überzeugung selbst um den Preis gesellschaftlicher Isolierung und mißachtender Angriffe, denen er in der Folge ausgesetzt ist. Schlegel begreift seinen Übertritt zur katholischen Kirche als aktive Auseinandersetzung mit dem Glauben. Er kritisiert die »Lauigkeit« geborener Katholiken, während er, auf seine eigene Vergangenheit gemünzt, 1818 lapidar festhält: »Alle Protestanten sind zu betrachten als *zukünftige* Katholiken.« (XIX, 343, 278) Sein Bekenntnis versteht er als eine Zukunftsreligion, und den Vorwurf der Rückwärtsgewandtheit kontert er mit der apodiktischen Bemerkung: »Es ist jetzt *nicht* die Zeit, daß ein *neues Evangelium noth wäre*; wohl aber, daß das *alte ganz verstanden werde und in einem neuen Lichte erscheine.*« (XIX, 312, 119) Es liegt nahe, hierin die Absage an viele romantische Reformpläne bis hin zum Projekt einer neuen Mythologie zu sehen. Dann gerät der späte Schlegel in einen scharfen Gegensatz zu seinen früheren Auffassungen. In der zitierten Passage findet sich aber auch ein anderes romantisches Theorem, die Besinnung auf den Ursprung. Das spricht für eine gewisse Kontinuität in Schlegels Werdegang. In seinem umfassenden Werk lassen sich noch zahlreiche Beispiele für diese Doppelsicht finden. Es ist deshalb nicht so einfach, Schlegels Haltung einzuordnen, wie es auf den ersten Blick erscheinen mag.

Bei einer eher äußerlichen Betrachtung muß man von einem Bruch sprechen, der sich durch die Konversion in Schlegels Leben ereignet. Aus der Binnenperspektive wird jedoch der Blick auf eine Entwicklung frei, die sich in drei Phasen kontinuierlich vollzieht. Da ist die frühromantische Phase, die bis etwa 1802 währt und durch die zahlreichen literaturtheoretischen Studien sowie durch die philosophischen Fragmente geprägt ist. Die Jahre von 1802 bis 1808 gelten als Übergang und Vorbereitung auf die Konversion. Philosophisch im Mittelpunkt steht die Auseinandersetzung mit dem Pantheismus, zu dem die Frühromantik eine große Affinität zeigt. Schlegels Auffassung verändert sich, und er sieht im Pantheismus immer mehr eine Religion ohne Gott, von der er sich schließlich abwendet. Die Zeit von 1808 bis zu seinem Tod 1829 gilt deshalb als die eigentliche Spätphase, in der sich sein Denken deutlich an der katholischen Lehre ausrichtet und dennoch seine Autonomie zu bewahren sucht.[107]

Diese Entwicklung läßt sich auch räumlich beschreiben. Während Schlegel die ersten Jahrzehnte seines Lebens in eher protestantisch geprägten Orten wie Hannover, Jena und Berlin verbrachte, wohnte er später, von Reisen abgesehen, in den katholischen Städten Paris, Köln und Wien. Im folgenden werden die philosophischen Ideen, Studien und Projekte vorgestellt, denen er sich an den letztgenannten Orten widmete, angefangen mit dem Pariser Aufenthalt, während dessen Schlegel seine Neigung zu Gemälden und zur Sprache neu entdeckte und in einem größeren philosophischen Zusammenhang reflektierte.

Die bildende Kunst hatte schon den jungen Friedrich beeindruckt, seit er bei einem Besuch in Dresden die Abgüsse antiker Statuen sah.[108] Seine Begeisterung für das Altertum rührte auch von dem Eindruck her, den die Kunstwerke hinterließen, doch lenkte Schlegel seine Interessen im frühromantischen Jahrzehnt stärker auf das Gebiet der Poesie. Weitere Besuche der Dresdner Galerie machten ihn allmählich auch mit der modernen Kunst vertraut. Weil sein Erkenntnisschwerpunkt im Bereich der Dichtkunst lag, äußerte er sich nur sporadisch zu Malerei und Plastik. Im *Athenaeum* nahm sich vor allem August Wilhelm Schlegel in Fragmenten und Buchbesprechungen der Fragen nach einer Theorie der bildenden Kunst an. Friedrich lieferte dem Bruder sicher Anregungen, so daß er zumindest auf diese Weise mit der Materie befaßt war.

Die letzten Monate in Dresden und besonders die intensiven Gespräche über Malerei mit Ludwig Tieck und Philipp Otto Runge in der ersten Hälfte des Jahres 1802 schufen die notwendigen Voraussetzungen, um Schlegel gewissermaßen das Sehen zu lehren. Als er Ende Juni desselben Jahres in Paris ankam, quollen die Museen der Stadt über von Kunstschätzen, von denen nicht wenige durch Beutezüge der französischen Armee in Italien und den Niederlanden in die Ausstellungen gelangt waren. Der Gang durch die Museen ersparte so manche Reise durch halb Europa, wodurch sich erstmals die Möglichkeit ergab, Bilder verschiedener Epochen und Regionen wie in einem Panorama vergleichend zu besichtigen. Schlegel nutzte diese Chance ausgiebig, zumal er für sein neues Zeitschriftenprojekt *Europa* dringend Manuskripte brauchte. So erschienen mit den ersten Bänden der Zeitschrift (ab 1803) in kurzer Folge verschiedene wichtige Aufsätze, die aus der Bildbetrachtung abgeleitete kunsttheoretische Überlegungen enthalten.[109]

Bildbeschreibungen hatten zu einer Zeit, als weder fotographische Reproduktionen noch der schnelle Klick ins Internet zur Verfügung standen, eine große Bedeutung, um Gemälde einem breiten Kreis von Interessenten bekannt zu machen. Schlegel beschäftigte sich besonders mit der italienischen Renaissance, beschränkte sich jedoch nicht auf eine äußerliche Darstellung, sondern schuf sprachlich brillante Charakteristiken der Kunstwerke nach dem Verfahren, das er schon in der Literaturkritik erfolgreich angewandt hatte.

In den Texten verbindet sich die philosophische Reflexion mit der sinnlichen Rezeption der Gemälde aus unmittelbarer Anschauung. Es ist deshalb besonders bemerkenswert, daß Schlegel seine Theorie mittels detaillierter Schilderungen entwickelt, die das Gesehene in Sprache übersetzen und so für den Leser vor dem geistigen Auge wieder sichtbar machen. Er verwandelt die sinnliche Anschauung in eine geistige und liefert die ästhetische Wertung direkt mit. Dabei geht er auch vergleichend auf die Bilder ein, denn die Kunstwerke »selber erklären sich gegenseitig am besten« (IV, 12). Er berücksichtigt den Entwicklungsstand des jeweiligen Künstlers und ordnet ihn in die Epoche ein. So wird die Theorie anschaulich und historisch reflektiert. Schlegel läßt ein Allgemeines gleichsam aus der genauen Kenntnis des Besonderen wachsen, und diesen Prozeß kann das Lesepublikum nachvollziehen. Beispielsweise sagt er über das wohl berühmteste Gemälde der Welt, Leonardo da Vincis *Mona Lisa*, daß dieses »symbolische« Porträt ganz aus seiner Gattung heraustritt, weil es dem Maler gelungen ist, »die verborgnere Seele in dem Antlitz der Menschen« (IV, 36) darzustellen. Andere Porträts, etwa von Tizian und Raffael, zieht er vergleichend heran, entwickelt also wie nebenbei eine Klassifikation dieser Kunstgattung. Er versäumt es auch nicht, die Malerei in Beziehung zur Poesie zu setzen, etwa auf Italien bezogen, indem er zwischen Mantegna und Dante oder Tizian und Tasso Parallelen erkennt. Zur Begründung fügt er an, »daß die Natur in ähnlichen Sphären meist den gleichen Gang der Produktion beobachtet und sich dieselben Stufen der Entwicklung zeigen« (IV, 57). Schlegel ordnet so durchaus verschiedene Kunstwerke in sein kunstphilosophisches Gesamtsystem ein, das von der analogienbildenden Grundstruktur her ein romantisches ist.

Aus den Gemäldebeschreibungen wird bereits die veränderte Glaubensempfindung deutlich, mit der sich Schlegel von da ab religiösen Themen nähert. Die Verherrlichung der Religion durch die Malerei, wie sie sich ihm in Anbetracht der ungezählten christlichen Motive einprägt, bestärkt seine kunstphilosophische Reflexion ebenso wie seinen neuen Glauben.

Allmählich wird die Kunst insgesamt zu einem Symbol des Göttlichen umdefiniert: Schön ist nur, was eine Beziehung auf das Göttliche enthält. (Vgl. XII, 358) Die Anschauung, durch die dem Betrachter Schönheit vermittelt wird, macht auf das aufmerksam, was sich hinter der wahrgenommenen Erscheinung verbirgt, was als Symbol des in der Veränderbarkeit ewig sich Gleichen in den Kunstwerken besteht. In der Anschauung allein ist keine Erkenntnis zu finden, im Gegenteil: Sie »tötet« jeden Gegenstand. (Vgl. XII, 329) Es geht Schlegel also um den inneren Sinn, nicht um die äußere Gestalt. Deshalb muß die Anschauung auf den Glauben, die Hoffnung und die Liebe gegründet sein. Erst dadurch wird sie »unmittelbare Wahrnehmung der *göttlichen Bedeutung*« (XII, 358). Jede andere Begründung, etwa eine begriffliche oder systematische, zerstört die Unmittelbarkeit, ist demzufolge überflüssig und wird deshalb von Schlegel auch nicht als nötig erachtet. Schon in seiner philosophiehistorischen Darstellung des Mystikers Jakob Böhme hat er rational nachvollziehbare Begründungen für verzichtbar gehalten, »wenn die Erkenntnisquelle einer Philosophie nicht die eigene, natürliche, künstlich entwickelte Vernunft ist, sondern eine übernatürliche, höhere Offenbarung« (XII, 258). Die dogmatische Berufung auf Offenbarung und andere transzendente Begründungszusammenhänge findet sich in den Spätschriften häufiger, freilich ohne immer als solche herausgestellt zu sein, denn: »Dogmatism heißt [...] ›Glauberei‹.« (XVIII, 86, 681) Dahinter verbirgt sich eine radikale Abwertung aller Erkenntnis des Endlichen, die nur im Sinne einer Täuschung, bestenfalls als Ablenkung vom Wesentlichen interpretiert werden kann, während sich das Denken auf die hinter der Erscheinung liegenden Wesenheiten zu konzentrieren hat. Es ist ein Ergebnis der Kantischen Philosophie, daß es über diese »Dinge an sich« kein gesichertes Wissen geben kann. Schlegel greift deshalb auf den Glauben bzw. die Offenbarung als Garanten seiner Überzeugungen zurück. Gemälde und andere Kunstwerke gelten ihm als sichtbare Beweise dieser Ideen. Hier berührt sich die Kunst- mit der Religionsphilosophie.

Durch Reisen mit den Brüdern Boisserée, die er als eine Art Kulturberater begleitete, lernte Schlegel die Galerien in Brüssel und Düsseldorf kennen und befaßte sich intensiver mit Architektur, insbesondere mit der Gotik. Die Brüder betätigten sich als Sammler altdeutscher Gemälde und anderer Kunstschätze, dabei auf Schlegels Rat zurückgreifend, der seinerseits seine einschlägigen Kenntnisse durch die Begegnung mit den Werken weiter vertiefen konnte. Das vierte und letzte Heft der *Europa*, das nicht zuletzt wegen der Reisen mit einiger Verspätung 1806 erschien, stellt den Höhepunkt seiner kunstphilosophischen Arbeiten dar.

Ebenso bedeutsam sind die Studien, in denen Schlegel sich mit der orientalischen Philosophie, Literatur und Sprache beschäftigt. Die persische Manuskriptsammlung der Pariser Nationalbibliothek bot ihm eine reiche Quelle, und hier fand er in dem Orientalisten Antoine Léon de Chézy einen Lehrmeister und Freund, der ihm diese Gedankenwelt auch sprachlich nahebringen konnte. Durch sein zusätzliches Studium des Sanskrits bei Alexander Hamilton, jeden Nachmittag von zwei bis fünf Uhr, gehörte er zu den wenigen Experten auf dem Gebiet der östlichen Kultur, als sich ein entsprechendes öffentliches Interesse allmählich entwickelte. Die Impulse, die er gab, wurden zu entscheidenden Anstößen für die deutsche Indologie.

Diese Sprach- und Kulturstudien mündeten in dem wichtigen Aufsatz *Über die Sprache und Weisheit der Indier*, erschienen 1808. Aufgrund seiner materiellen Situation konnte er die Arbeiten daran nur mit der Unterstützung August Wilhelms fertigstellen. Dieser bemühte sich intensiv um ein hinreichendes Auskommen seines Bruders, nachdem mehrere Versuche, ein universitäres Lehramt zu erhalten, fehlgeschlagen waren. Als eine Vorlesungsreise August Wilhelm Schlegel zusammen mit Madame de Staël im Frühjahr 1808 nach Wien führte, nutzte er die Gelegenheit, für seinen Bruder Kontakte zu knüpfen, und zwar auf höchster Ebene: durch eine Privataudienz bei Kaiser Franz I. Friedrich Schlegel zog noch im selben Jahr nach Wien um, wo er bald darauf durch die erfolgreiche Vermittlung seines Bruders eine Anstellung als Hofsekretär der Armeehofkommission erhielt. Auf diese Weise konnte er sich weiter seinen historischen

Interessen widmen, die seit der Kölner Zeit die ästhetisch-literaturtheoretischen Schwerpunkte der früheren Jahre allmählich überlagerten. Der Eintritt in die österreichische Beamtenlaufbahn sollte auch in anderer Hinsicht sein Leben ändern, ihn als Berater Metternichs in durchaus konkreter Weise mit historischen Entwicklungen konfrontieren. Darüber wird im nächsten Kapitel ausführlicher zu berichten sein.

Der bereits erwähnte Aufsatz *Über die Sprache und Weisheit der Indier* bringt Schlegel in zweierlei Richtung philosophisch voran. Zum einen verdrängen die Sanskritstudien die griechische Antike als universelles Paradigma im Sinne eines Ursprungs: »Jetzt ist alles [...] vom Sanskrit verdrängt. Hier ist eigentlich die Quelle aller Sprachen, aller Gedanken und Gedichte des menschlichen Geistes; *alles*, alles stammt aus Indien ohne Ausnahme.«[110] Zum anderen konzentriert sich Schlegel auf die »innere Struktur der Sprachen oder die vergleichende Grammatik«, um von da aus »Aufschlüsse über die Genealogie der Sprache« (VIII, 137) zu gewinnen. Hier vereinen sich strukturelle und historische Momente, die zur Weiterentwicklung seiner hermeneutischen Methodik beitragen. In engem zeitlichem Zusammenhang mit seinen Sprachstudien beginnt er mit Vorlesungen zur vergleichenden Charakteristik der verschiedenen Arten von Philosophie.

Die Auseinandersetzung mit Sprache und die Betrachtungen über ihren Ursprung führen ihn ins Zentrum eines metaphysischen Problems, zur Frage nach der Bestimmung des Menschen. Schlegel beschäftigt sich damit in allen seinen philosophischen Arbeiten, mal eher am Rande wie in seinen Darstellungen der Philosophiegeschichte, mal an prominenter Stelle wie in den der Spätphilosophie zugerechneten Werken. Geleitet wird er von der Überlegung, daß die meisten philosophischen Probleme auch und vor allem sprachliche sind, weil die Sprache eng mit dem Denken verknüpft ist, zugleich aber einem historischen Wandel unterliegt, der z.B. zur Ausbildung der Sprachenpluralität geführt hat.

Schlegel betrachtet die Einheit von Sprechen und Verstehen in ihrem historischen Wandel als einen unendlichen Prozeß der Identifikation.[111] Damit steht er in der Tradition des Idealismus bzw. der Identitätsphilosophie. Seine Untersuchungen über die Struktur und Funktion der Sprache, die sich in diesen Jahren in seinen Notizheften finden lassen, haben nicht nur Einfluß auf die Poetik gehabt, sondern ihn auch zum Begründer der modernen Sprachbetrachtung[112] werden lassen. Dabei kommt es zu einem wichtigen Paradigmenwechsel in der Sprachtheorie. Galt bisher, daß die Sprache an die Objekte, also die Dinge und Gedanken, gebunden ist, so begreift sie Schlegel eher als ein Abbild der Welt, gleichsam ein Modell, an dem sichtbar wird, wie die Objekte geistig in Erscheinung treten. Sprache zeigt den Menschen in einem kreativen Prozeß, sie erlaubt es, ihn als Schöpfer seiner Welt und als Gestalter der Geschichte zu begreifen. Durch weitgehende Loslösung von einem Objektbezug gerät die Sprache insgesamt zu einem Kunstwerk. Im schöpferischen Gebrauch der Sprache kann sogar die Spaltung von Subjekt und Objekt tendenziell überwunden werden.

Durch kreative Sprachverwendung werden jedoch nicht nur sprachliche Bilder von einer Intensität erzeugt, die über die sinnlich wahrnehmbaren hinausgehen können. Dieser schöpferische Prozeß bildet den Menschen insgesamt zu einem freien Wesen aus, das über die Sprache einerseits mit der Geschichte, Philosophie und Religion verbunden ist, andererseits durch diese erst zum Selbstbewußtsein finden kann. Sprache erfüllt mithin eine äußere (Vermittlung der Welt) wie eine innere Funktion (Selbstbezug). Letztere dient insbesondere der Stärkung des Selbstbewußtseins gegen die Dominanz der äußerlichen Eindrücke: »Die Sprache ist nach dieser Ansicht ein Bedürfnis des nach Freiheit strebenden Menschen, um sich mit gemeinsamen Kräften gegen die Übermacht der Welt zu stärken und davon zu befreien.« (XII, 345) Das innere Sein des Menschen, seine einzige Verbindung zu Vergangenheit und Zukunft, ist sprachlich, z.B. als Erinnerung oder Pläneschmieden. Diese psychologischen Aspekte der Sprachverwendung stellen eine wichtige Ergänzung zum mitteilenden Charakter der Sprache dar und verweisen erneut auf die dialogische Struktur der Sprachphilosophie Schlegels.

Philosophisch bemerkenswert ist es jedoch, wenn Schlegel die innere Zwiesprache oder das Denken selbst als im Kern dialogisch auffaßt: »Das einsamste, innerste, am wenigsten zur gemeinen Mitteilung geeignete Nachdenken kann man ein Gespräch zwischen unserm Ich und dem unendlichen nennen.« (XII, 363) So transzendiert er durch Momente des Verstehens, in Analogie zur realen dialogischen Auseinandersetzung, die Begrenztheit des endlichen Ich und öffnet ihm gleichsam ein symbolisches Fenster der Kommunikation mit dem Unendlichen. In seinem Spätwerk *Philosophie des Lebens* findet ein solches »Gespräch des abgeleiteten Ich mit dem unendlichen Ich« statt und wird auch klar benannt als ein »Gespräch der Seele mit Gott«[113]. Sprachphilosophische Reflexionen, die mit verdienstvollen Untersuchungen am konkreten Material begannen, münden bisweilen in eine religiös gestützte Metaphysik, die den katholischen Einfluß nicht verleugnen kann.

Der *Philosophie der Sprache und des Wortes* ist seine letzte Vorlesungsreihe gewidmet, die er im Dezember 1828 hält, nur wenige Wochen vor seinem Tod. Sie ist Teil eines umfassenden Plans, ein System der gesamten christlichen Philosophie zu entwickeln, in dessen Mittelpunkt das Göttliche stehen sollte, mit dem der Mensch über das Band der Liebe verbunden ist. Der

Ausgangspunkt aller Philosophie liegt in Gott, ohne ihn gibt es kein Bewußtsein und also kein Leben. Die Liebe als Movens dieses unendlichen Prozesses der Vermittlung mit dem Absoluten, das in den Spätwerken in personalisierter Form erscheint, gibt gleichsam die eigentliche Bestimmung des Menschen an: »Die wahre Freiheit ist nur in der Liebe möglich.« (XIII, 96)

Schlegel verfolgte den Plan einer systematischen Gesamtdarstellung christlicher Philosophie in drei Vorlesungsreihen, von denen die obengenannte den durch seinen Tod erzwungenen Abschluß bildet. 1827 konzentrierte sich sein Interesse auf die *Philosophie des Lebens*, und im folgenden Jahr las er über die *Philosophie der Geschichte*, die gleichsam die Quintessenz seiner historisch-hermeneutischen philosophischen Methode enthält. In gewisser Weise unterzog er frühere Auffassungen der Revision. Diese Tendenz läßt sich auch in seinen Bemühungen um die Publikation seiner Werke finden, durch die er seine intellektuelle Biographie zu gestalten dachte. Deshalb soll die interessante Editionsgeschichte kurz dargestellt werden, bevor wir noch einmal auf die Spätphilosophie zurückkommen werden.

Die heterogenen Schriften und die wechselnden Lebensphasen führten zu editorischen Problemen bei der Erarbeitung zuverlässiger Textgrundlagen, die um so gewichtiger sind, als sie entscheidend auf die Interpretation und Würdigung des Gesamtwerks einwirkten. Weil Schlegel im tiefsten Innern ein ständiges Mißtrauen gegen das Vollendete hegte, hielt er keinen seiner Gedanken für fertig. Zahlreiche Notizhefte, in die er ab 1776 alle seine Aufzeichnungen eintrug, waren zunächst nicht zur Veröffentlichung bestimmt, bis schließlich finanzielle Gründe und der Wunsch, seinen eigenen Werdegang darzustellen, die Herausgabe der Werke forcierten. Die Publikationsgeschichte der Schlegelschen Texte ist deshalb fast so interessant wie ihr Inhalt, der zu seiner Zeit oft genug die Leserschaft in Unruhe versetzt hat. Sie spiegelt nämlich etwas vom Geist der Romantik wider, indem sich der Autor gegen das Vollendete eines fertig gedruckten Textes wehrt.

Die zehnbändige Ausgabe der *Sämtlichen Werke*, die in den Jahren 1820 bis 1823 erschien, wurde noch von Friedrich Schlegel selbst bearbeitet; und dabei wurden insbesondere die Frühschriften erheblich verändert.

Für Friedrich Schlegel als Herausgeber seiner Werke geriet die Editionstätigkeit zur Selbstrechtfertigung, die der Mit- und Nachwelt Rechenschaft über seine literarische Laufbahn, ja über sein ganzes Leben geben sollte.[114] Die Gesamtausgabe sollte ein neues Bild vermitteln. Schlegel litt an der Vorstellung, daß das einmal Gedruckte unwiderruflich aus der Hand gegeben war. Seine spätere Redaktortätigkeit sollte das Uneinholbare einfangen. Bei der Überarbeitung ging er zumeist so vor: Er benutzte nicht die Erstdrucke, sondern die jeweils letzten Fassungen, kürzte dabei kaum den ursprünglichen Text, sondern fügte etwas hinzu bzw. unterdrückte den Roman *Lucinde* und zahlreiche Fragmente aus dem *Athenaeum* und *Lyceum* vollständig. Dieser strengen Korrektur unterzog er auch andere frühe Schriften, insbesondere das *Gespräch über die Poesie*, bevor er den späteren Texten gegenüber toleranter wurde und immer weniger Änderungen anbrachte.

Ein weiterer wesentlicher Grund für die Veröffentlichung des Gesamtwerks aus eigener Hand waren die ständigen Geldschwierigkeiten, in denen sich Friedrich Schlegel befand.

In direktem Zusammenhang mit der Konversion lassen sich zwei Grundtendenzen ausmachen, die als Leitlinien einer Überarbeitung des Frühwerks durch den älter gewordenen Autor gesehen werden können: Da ist zum einen die Korrektur eines eher profanen Gebrauchs religiös geprägter Begriffe wie »göttlich«, »heilig« usw., die durch eine im engeren Sinne christliche

Terminologie ersetzt wurden. Zum anderen wurden auch die früheren republikanischen Anschauungen eliminiert, insbesondere das Wort »Revolution«. Dies bezeugt die insgesamt konservative Tendenz der Korrekturen, die nun anstelle des direkten, meist treffenden Ausdrucks verschwommene und ambivalente Mitteilungen bevorzugen. Solchermaßen können die veränderten Texte selbst als ein Dokument des Werdens gelesen werden. Schlegel erlangte als Redaktor gar didaktische Qualitäten, was die Publikationsgeschichte der Texte zu einem Lehrstück eigener Art macht: Der Entwicklungsprozeß selbst, die Differenz zwischen früherem und späterem Standpunkt, wird sichtbar.

Nach Friedrichs Tod verfiel August Wilhelm Schlegel dem entgegengesetzten Extrem und versuchte in einer von ihm und Ludwig Tieck begleiteten, schließlich von Jakob Minor unternommenen rekonstruierenden Veröffentlichung des Frühwerks, die Einschätzung des späten Schlegel völlig zu übergehen. Er war von der Maxime beherrscht, »dem frühen Friedrich gegen den späteren ein Denkmal zu setzen«[115]. Tieck wollte als Herausgeber sogar Spätschriften wegen möglicher Anfeindungen weglassen und gab den früheren philologischen Arbeiten den Vorzug. Darüber war Schlegels Witwe Dorothea, die sich als Sachwalterin der Interessen ihres verstorbenen Mannes sah, sehr enttäuscht. Sie verteidigte Schlegels ursprüngliche Pläne zur Herausgabe seiner Schriften und wollte den Vorrang des Spätwerks sichern.

August Wilhelm Schlegel hatte noch weitreichendere Motive, das Werk seines Bruders als Herausgeber zu publizieren. Kurz zuvor war der Briefwechsel zwischen Goethe und Schiller erschienen, und über die Veröffentlichung der darin enthaltenen privaten Äußerungen über die Frühromantiker war er empört. Die Friedrich-Schlegel-Ausgabe sollte eine Art Gegenschlag werden. Obwohl ihn Dorothea mit weiterem Material, insbesondere zu Poesie und Literatur, versorgte, kam August Wilhelm nach 1834 von seinen ursprünglichen Plänen ab, er verschenkte einen Großteil der Manuskripte gar an einen Bonner Kollegen, den Theologen J.W. Braun. Diese Verwicklungen hatten zur Folge, daß Teile des Nachlasses verlorengingen. Einige Manuskripte wurden durch den Prager Schlegel-Forscher Josef Körner wiederentdeckt, andere wurden im Zweiten Weltkrieg vernichtet[116] oder sind bis heute verschollen.

Kehren wir nach diesem Exkurs noch einmal abschließend zur Spätphilosophie zurück. Mit der Publikation seiner Vorlesungsreihe zur *Philosophie des Lebens* im Januar 1828 trat Schlegel erstmals explizit als Philosoph an die Öffentlichkeit. Dies mag seltsam erscheinen angesichts der Tatsache, daß er sich bereits seit Jahrzehnten philosophischen Fragen gewidmet hatte, daß er jedes Problem auch aus der philosophischen Perspektive beleuchtete, so daß sich eine philosophische Grundhaltung durch sein gesamtes Werk zieht. Die Nachwelt zählt ihn daher mit Recht zu den bedeutenden Philosophen aus der Zeit des deutschen Idealismus, doch die Zeitgenossen kannten ihn eher als Literaturkritiker bzw. als skandalumwitterten Dichter.

Freilich haben andere Philosophen in Friedrich Schlegel schon früher einen der ihren gesehen. Diese Anerkennung versteckt sich noch in den überspitzten Angriffen Hegels, der ihm bei aller Polemik zubilligen mußte, die subjektive Reflexionsphilosophie Fichtes weiterentwickelt und mit einer historischen Betrachtungsweise verknüpft zu haben. Der Mangel an öffentlicher Wahrnehmung des Philosophen Schlegel liegt z.T. darin begründet, daß er immer wieder »große« philosophische Themen wie Erkenntnis und Moral mit dem Gebiet der Ästhetik und Poesie verband und auf diese Weise die allgemeine Aufmerksamkeit abermals auf die Dichtkunst lenkte. Dies gilt z.B. für seine Auseinandersetzung mit Fragen der Naturphilosophie.

Hier beherrschte Friedrich Wilhelm Joseph Schelling die Diskussion, der mit einem exakten, der Naturwissenschaft ähnlichen Anspruch auftrat. Demgegenüber setzte sich Schlegel für einen eher symbolischen Naturbegriff ein, wie er ihn häufig in seinen poetologischen Texten herausstellte. Naturerkenntnis gewinne man nicht durch Analyse noch durch Deduktion ihres systematischen Begriffs, sie werde vielmehr durch den wahren Dichter vermittelt. Die Untersuchung dieses in den entsprechenden Dichtungen überlieferten Wissens bestimmte Schlegel zur Aufgabe der Naturphilosophie: »Wohl wäre es lohnend und belehrend, wenn ein im Geist erhellter Naturphilosoph diese Symbolik, welche in den Sinnbildern der Poesie verborgen liegt, hervorzöge und als ein großes Ganzes ordnend aus Licht zusammenstellte.« (II, 320) Es lag lange Zeit nicht in Schlegels Interesse, eine »nur« philosophische Position zu entwickeln, die nicht zugleich in poetologischer Hinsicht nutzbar zu machen wäre.

Erst in den letzten Jahren seines Lebens konzentriert er sich verstärkt auf philosophische Fragen im engeren Sinn. Das Spätwerk bestätigt daher nicht nur die skeptische Grundhaltung Schlegels, sondern ist zugleich eine distanzierte Bestandsaufnahme des deutschen Idealismus, wenn nicht in manchen Punkten gar eine kritische Revision.

Zweifellos hat die Konversion an dieser Entwicklung einen entscheidenden Anteil. Seine Spätphilosophie will die vorgegebene göttliche Ordnung enthüllen, die es überall freizulegen gilt, in der Natur, im Reich der Wahrheit, in der Geschichte, im Verhältnis von Glauben und Wissen, in der Wissenschaft, im Bewußtsein.[117] Damit hat Schlegel endlich den Mittelpunkt gefunden, den er seit der Athenaeumszeit vor allem in der Poesie gesucht hatte.[118] Auf dem Weg dorthin mußte er dem pantheistischen Naturglauben der frühen Romantik abschwören und den

Monotheismus an seine Stelle setzen, dessen Universalismus er am ehesten in der katholischen Konfession repräsentiert sah. Bereits in Paris, also noch vor dem offiziellen Übertritt zu diesem Bekenntnis, hatte er die Auffassung vertreten, daß dieses Wissen dem Menschen durch Offenbarung übermittelt worden ist: Den unendlichen Geist begriff er »als Vater und König nämlich, der alles erzeugt und regiert, – eine Vorstellung, welche die Philosophie selbst nicht mißbilligen kann« (XI, 24). Er behält dieses patriarchalisch anmutende Familienbild, das das Verhältnis der Menschen zu Gott darstellen sollte, bei; es erscheint in Abwandlungen auch in seiner Spätphilosophie. Indem er die transzendente Sicherheit auf diese Weise zu deren Fundament macht, enthebt er sich der Begründungsdiskussion, wird aber in anderer Hinsicht angreifbar, was ihn indes nicht beirrt. Diese gleichsam fundamentalistische Auffassung verfestigt sich sogar noch. Die Analyse der verschiedenen historischen Erscheinungsformen der Philosophie, wie er sie in seinen Kölner Vorlesungen ausgebreitet hat, bestärkt ihn in seiner Überzeugung, daß der Zusammenhang des Ganzen durch eine große harmonische Einheit garantiert wird, die sich allerdings in der Geschichte bisher unmittelbar noch nicht gezeigt hat. Blitzen die Spuren ihrer Existenz in den besten Kunstwerken hervor, wie es der Frühromantiker glaubte, so bestätigt sich seine Gewißheit durch die christliche Philosophie der Spätzeit. Es ist deshalb die Aufgabe der *Philosophie des Lebens*, die »wahrhaft lebendige innere Einheit« (XII, 263), wo immer möglich, nachzuweisen.

Philosophie des Lebens – dieser Titel stellt nicht nur einen Teilaspekt der *Transzendentalphilosophie* besonders heraus, sondern enthält auch die implizite Forderung, daß sich die Philosophie als aus dem Leben entstandene auch auf dieses beziehen müsse. Dazu gehören neben anderem die Kunst und die Geschichte.

(Vgl. VII, 127) Schlegel bricht mit der begrifflichen Abstraktion des Idealismus und verlangt von der Philosophie einen Praxisbezug, der ihn aus heutiger Sicht hochmodern erscheinen läßt: Philosophie darf sich nicht abseits halten, sie muß sich ins Leben einmischen. Schlegel zufolge darf dieses allerdings nur auf der Basis einer christlichen Weltanschauung geschehen.

Diese Haltung hat Folgen für seine Suche nach einem Menschenbild, das sich vom Idealismus abgrenzen soll. Schlegel hebt deshalb die emotionalen und triebbestimmt-naturhaften Aspekte des menschlichen Wesens gegen die intellektuellen Fähigkeiten hervor, dabei die alte romantische Tradition der Ganzheitlichkeit erfüllend. Neu ist jedoch die Auffassung, daß das durch die abstrakte Trennung der einzelnen Vermögen gespaltene Bewußtsein des Menschen unter dem Signum eines einheitsstiftenden Glaubens wiederhergestellt werden muß.

Schlegel analysiert den Zustand des gespaltenen Bewußtseins in seinem Aufsatz *Von der Seele*, der 1823 in zwei Heften seiner Zeitschrift *Concordia* erschien. Die dort versammelten psychologischen Einsichten macht er zu einem Ausgangspunkt seiner *Philosophie des Lebens*. Der zentrale Gedanke lautet, daß die Krise der Zeit auf einen inneren Zwiespalt zurückzuführen ist, der die Fähigkeiten des Menschen trennt, die doch eine harmonische Einheit bilden sollten. Zu diesen rechnet Schlegel Verstand, Wille, Vernunft und Einbildungskraft. Im Leben wirkt sich dieser Umstand so aus, daß sich eine entscheidende Diskrepanz zwischen dem Anspruch und der Wirklichkeit auftut, die sich als Widerspruch von Theorie und Praxis niederschlägt. Bei einer moralischen Entscheidung beispielsweise, die den Unterschied von Gut und Böse voraussetzt, folgt aus dieser Erkenntnis: »Die Tat, und nicht bloß die Tat, der ernste Wille, dem die Tat leicht folgen würde, bleibt zurück hinter dem Begriff und so deutlich vorgestecktem Ziel. So verfehlt unser Leben seinen

Zweck.« (VIII, 601) Die Konsequenzen sind verheerend, innerer Schmerz peinigt den Menschen, der in Unfrieden mit sich selbst lebt. Der Zwiespalt kann überwunden werden, wenn sich der Mensch auf Gott bezieht, der ihm ein ursprünglich unverdorbenes Bewußtsein gegeben hat, und von diesem Bezugspunkt aus erneut Kraft schöpft aus der »Quelle der Ichheit« (VIII, 606). Die Wiedervereinigung von Geist und Seele, »Inbegriff und das eigentliche Wesen des Menschen« (VIII, 609), wird mit Gottes Hilfe gelingen. Eine Darlegung dieser Überzeugungen, verbunden mit zahlreichen Beispielen aus der Geschichte des Bewußtseins zur Untermauerung seiner Diagnose, liefert Schlegel in seiner Vorlesungsreihe zur *Philosophie des Lebens.*

So sehr er sich in früheren Jahren in manchen Projekten verzettelte und des öfteren Pläne machte, die er bald wieder verwarf – die Vorlesungen zur *Philosophie des Lebens* und ihre Publikation organisierte er in einem knappen Jahr, obwohl gesundheitliche Probleme ihm zu schaffen machten, die sich wohl auch auf die erhebliche Gewichtszunahme der letzten Jahre zurückführen lassen. Nach einer scherzhaften Bemerkung seiner Frau sollte er sie »Vorlesungen über Gott und die Welt«[119] nennen, so umfassend war ihr Konzept. Im Februar 1827 beantragte er die Genehmigung für seine Vorlesungstätigkeit, die er als Beamter im Ruhestand benötigte, im Sommer erschien ein kleineres Konvolut aus drei Vorlesungen, und im Januar des folgenden Jahres lag das gedruckte Werk vor.

Der Umstand, daß Schlegel einer formalen Erlaubnis bedurfte, wirkte sich auf die Verbreitung seiner Ideen aus. Die Ministerialbürokratie bewilligte zwar seinen Antrag, untersagte aber die Teilnahme von Frauen an seinen Veranstaltungen. So entging ihm nicht nur ein Teil seiner Einnahmen, denn das zahlungskräftige und sonst stark vertretene weibliche Publikum war ja ausgeschlossen, sondern es fehlten ihm auch die Hörerinnen, die er insbesondere mit seiner zweiten Vorlesung ansprechen wollte. Dort stellt er Liebe, Träume und Phantasie als den weiblichen Anteil am menschlichen Bewußtsein in das Zentrum seiner Überlegungen. Dabei wendet er sich gegen jedes Mißverhältnis bei der geschlechtsspezifischen Zuschreibung menschlicher Grundvermögen: »So wie es eine ganze unwahre Übertreibung sein würde, wenn man den Männern die Seele, und das Seelenvolle des Gefühls überhaupt absprechen würde, da bloß von einem Übergewicht auf der andern Seite die Rede sein konnte; ebensowenig dürfte man wohl den Frauen den Geist absprechen, oder in zu beschränktem Maße beilegen.« (X, 39) Schlegel tastet sich weiter in Richtung Gleichberechtigung vor und setzt damit eine schon in früheren Schriften gezeigte positive Einschätzung des Weiblichen fort. Allerdings geht er nicht soweit, mit den überlieferten Klischees zu brechen, die dem Weiblichen die Sphäre des Emotionalen, dem Männlichen die des Rationalen zuweisen. Er modifiziert diese Aufteilung, ohne sie allerdings prinzipiell in Frage zu stellen. Den Ausgleich soll sein Konzept des Menschen schaffen, in dem beide Sphären den geschlechtsspezifischen Bezug zwar im wesentlichen beibehalten, aber gleichwertig sind. Die zeitgenössischen Frauen konnten Schlegels Ideen allerdings erst prüfen, nachdem die Vorlesungen im Druck erschienen waren. Der persönlichen Auseinandersetzung mußten sie per Dekret fernbleiben.

Strukturell gesehen, ordnet Schlegel seine Vorlesungen über die *Philosophie des Lebens* hierarchisch. Nach einer kurzen Einleitung, einer Analyse der verschiedenen Seelenvermögen (zu denen er auch das Denken zählt) und den daraus resultierenden historischen Implikationen sowie einer Zwischenbilanz legt er in der neunten Vorlesung seine Gottesidee dar, die er zu einem »Culminationspunkt« (X, 542) seiner Philosophie erklärt. Von da ab stehen auch die nachfolgenden Vorlesungen, die sich alle um Probleme von Wahrheit, Wissenschaft und Irrtum drehen, unter dem Vorbehalt des Glaubens.

Der streng gegliederte Aufbau kennzeichnet ein Unternehmen, das nichts Geringeres als eine völlige Neubestimmung der Philosophie sein soll. Diese soll endlich auch das Leben umfassen, jedoch nicht in der Vielfältigkeit seiner realen Erscheinungsformen im einzelnen, sondern betrachtet durch die strukturgebende Ordnung des Geistes – eines Geistes, aus dem sich die menschlichen und gesellschaftlichen Verhältnisse ableiten lassen. Damit löst Schlegel den universalen Anspruch ein, den er bereits in der Frühromantik vertreten hat, und verwandelt die Philosophie in eine Erfahrungswissenschaft, getreu der Auffassung: »Alle Resultate der Philosophie sind enthalten in dem einen: *daß Theorie und Empirie eins ist*, daß sie nicht absolut getrennt werden können.« (XII, 98) Indem er Theorie und Empirie auch sprachlich, gegen die grammatikalische Konvention, durch Zuweisung eines finiten Verbs im Singular als Einheit auffaßt, macht er die Unauflöslichkeit der Verbindung nachvollziehbar. Dieses Zitat aus der *Transzendentalphilosophie* kennzeichnet darüber hinaus ebenso die Überzeugung, für die er auch fast dreißig Jahre später eintritt, nur daß er nun die Einheit nicht abstrakt mit der Sprache bzw. dem Begriff, sondern lebendig mit der Offenbarung begründet. Damit nimmt er von Beginn seiner Vorlesungsreihe an einen christlichen Standpunkt ein, und der revolutionäre Überschwang weicht einer konservativen Grundhaltung. Neues darf nur erscheinen, sofern es das Bestehende nicht in seinem Wesen antastet, weil dieses sich auf die Verheißungen der Bibel zurückführen läßt. Dies verstehen die Menschen intuitiv, »etwa so, wie ein Kind von anderthalb Jahren seine Mutter versteht« (X, 54). Die Abhängigkeit von Gott läßt den Menschen zu diesem in einem Größenverhältnis erscheinen wie ein Tropfen zu einem Ozean. (Vgl. X, 54) Es wäre sinnlos und unmöglich, wenn sich der »Tropfen« um ein selbständiges Verständnis des Ganzen bemühen wollte. Statt dessen darf er auf die liebende Kraft des »Ozeans« vertrauen, und dieser an die katholische Gnadenlehre gemahnende Gedanke findet sich in vielfältig abgewandelten Formen in den einzelnen Vorlesungen immer wieder.

Hat Schlegel der freien Philosophie ein Denkverbot erteilt, hat er sie in ihre Grenzen verwiesen, die sie spätestens seit der Aufklärung überwunden zu haben wähnte? Diese Einschätzung ist wohl doch etwas zu einfach und übersieht die immense Fülle der Aspekte, die er in seinem Spätwerk detailliert behandelt. Fast alle Teilbereiche der Philosophie werden berücksichtigt, ausdrücklich stehen die Sprach- und Geschichtsphilosophie im Zentrum der letzten Vorlesungszyklen. Es greift deshalb zu kurz, hier von einer konfessionsgebundenen Lehre zu sprechen und sie dadurch gleichsam zu marginalisieren. Bemerkenswert ist, daß Schlegels Auffassungen posthum von der katholischen Amtskirche scharf kritisiert wurden, als diese sich ab der Mitte des 19. Jahrhunderts an der scholastischen Dogmatik orientierte.[120] Dies zeigt, daß Schlegel seine Ansichten zwar aus seinem katholischen Glauben heraus, aber dennoch auf dem Boden eines modernen Denkens entwickelte. Historisches Verständnis und die Integration der Lebenserfahrung in den gelebten Glauben widersprachen der enggeführten Dogmatik der Kirche, weil diese Ideen gleichsam zuviel Freiheit enthielten. Auf der anderen Seite wurde die ständige Ausrichtung philosophischer Problemuntersuchungen an den Vorgaben der Offenbarung und der Konfession als Einschränkung empfunden. Friedrich Schlegel sah in der *Philosophie des Lebens* und überhaupt in seinem Spätwerk einen wichtigen Meilenstein im »Kampf um die Wahrheit« (X, 141), den er zu einer dauernden Aufgabe bestimmte. Für uns Nachlebende hingegen sind ein abschließendes Urteil sowie eine zutreffende Einordnung seiner Philosophie eher zwiespältig als eindeutig.

5. Das Bedürfnis des Zeitalters: Zu den geschichtsphilosophischen und politischen Schriften

Friedrich Schlegels Interesse an der Geschichte ist schon seit den neunziger Jahren von der Überzeugung bestimmt, daß es zwischen der Theorie und der Erfahrung historischer Wirklichkeit eine breite Kluft gibt. Nur das Studium der Geschichte kann helfen, diese zu überbrücken, indem es in wissenschaftlich stringenter Weise Erkenntnisse über die gelebte Erfahrung der Menschheit versammelt. Diese Grundüberlegungen veröffentlicht Schlegel bereits 1795 in seinem Aufsatz *Vom Wert des Studiums der Griechen und Römer*. (Vgl. I, 627 f.) Auch wenn man sich noch einmal vor Augen führt, daß Schlegel zu jener Zeit unter dem Einfluß der Philosophie Fichtes steht, ist diese zukunftsorientierte Position schon erstaunlich, denn hier verbindet sich das revolutionäre Denken der Frühromantik mit der Beachtung des historischen Details. Fichte zumal interessiert sich nicht für Geschichte im empirischen Sinne, sondern tritt für eine Trennung von Wissenschaft und Leben ein und will »lieber Erbsen zählen, als Geschichte studieren«[121].

Schlegel hingegen urteilt über seinen Lehrer: »Fichtes ganze Philosophie ist sehr politisch d.h. sehr dialektisch und sehr polemisch und juristisch streng.« (XVIII, 36, 186) Inspiriert von dem Freiheitsbegriff, wie Fichte ihn in seinen Vorlesungen über die Französische Revolution und über die Menschenwürde vertreten hat, begeistert sich der junge Schlegel für die Vorstellung, der Mensch könne zum Gestalter seiner Geschichte werden, wenn er sich an dem unveräußerlichen Recht der Selbstbestimmung orientiere. Fichte schreibt: »Bildung geschieht durch Selbstthätigkeit, und zweckt auf Selbstthätigkeit ab. Kein Plan der Cultur kann also so angelegt werden, dass seine Erreichung nothwendig sey; er wirkt auf Freiheit, und hängt vom Gebrauche der Freiheit ab.«[122] Indem Fichte hier die Bildungs- mit der Freiheitsidee verknüpft, zeichnet sich bereits ein Denkmuster ab, das bei Schlegel noch schärfer an Kontur gewinnt: Das politische Modell einer auf Freiheit gegründeten Gesellschaft bedarf zu seiner Realisierung des gebildeten Individuums, das eine Art ästhetische Erziehung genossen hat, aus der seine Kritikfähigkeit resultiert. In der frühromantischen Phase sollte das Postulat der Universalpoesie diese Utopie einlösen. Durch Poesie kann sich der Mensch frei und schöpferisch verwirklichen, in Analogie dazu sollte sich auch seine politische Emanzipation vollziehen. Symbol dieses neuen geschichtsphilosophischen Selbstbewußtseins ist die Französische Revolution. Durch sie haben die Individuen die Geschichte als machbar erlebt und zugleich Einsicht in die alle bisherigen Beobachtungen übersteigende Eigendynamik eines welthistorischen Ereignisses gewonnen. Das einmalige Geschehen veränderte die geschichtliche Erfahrung insgesamt. Schlegel deutet deshalb Revolutionen als universelle Bewegungen (vgl. II, 248, 426), die im Spannungsfeld zwischen Steuerung und Entfesselung angesiedelt sind. Die historische Erkenntnis ist damit zu einem Akt der Selbsterkenntnis geworden. (Vgl. II, 270, 139)

Diese deutlich erkennbare geschichtsphilosophische Konzeption liegt also bereits den frühen Arbeiten zugrunde. Sie bleibt im Kern beständig, insofern die Freiheit in allen Geschichtsbetrachtungen Schlegels einen wichtigen Stellenwert innehat. Die einzelnen Auffassungen wandeln sich jedoch in ihrer Erscheinungsform, besonders im Spätwerk, in dem Schlegel unter dem Einfluß der Religion manche Position revidiert.

Er erkennt, daß die Lehren der Geschichte nicht beiseite geschoben werden dürfen, wenn es gilt, ein zukunftsfähiges Menschen- und Gesellschaftsbild zu entwickeln. Bereits als junger Mann ist er davon überzeugt, daß dieses ohne Beziehung auf Gott nicht möglich ist: »Die Symmetrie und Organisation der Geschichte lehrt uns, daß die Menschheit, so lange sie war und wurde, wirklich schon ein Individuum, eine Person war und wurde. In dieser großen Person der Menschheit ist Gott Mensch geworden.« (II, 258, 24) Im Verlauf seines Lebens rücken Gott und die Religion immer stärker in das Zentrum seines Denkens, verknüpft mit der Geschichte, von deren Ursprung aus der Offenbarung er schließlich überzeugt ist. (Vgl. XIII, 28 f.) Diese Entwicklung wird besonders im Vergleich zu seinen ersten historisch-politischen Texten deutlich.

Die verschiedenen Studien zur griechischen Poesie bilden zugleich die Grundlage seines politischen Denkens. In weiteren Untersuchungen beschäftigt er sich mit dem antiken Staatswesen und dem gesellschaftlichen Leben, so in der Schrift *Die Griechen und Römer. Historische und kritische Versuche über das klassische Altertum* sowie in *Caesar und Alexander. Eine welthistorische Vergleichung*. Er strebt den Blick auf das Ganze an, von dem aus sich das einzelne in seiner Bedeutung erschließt. »Die politische Beurteilung ist der höchste der Gesichtspunkte« (I, 325, 156), heißt es apodiktisch. Bis in das Jahr 1794 reichen seine umfassenden Pläne zu historisch-politischen Projekten zurück, vor allem mit Bezug auf die Antike, von denen die meisten allerdings nicht verwirklicht werden. Außer den obengenannten Arbeiten erscheinen als Auseinandersetzung mit zeitgemäßer politischer Thematik die Rezension *Über Condorcet* und die wichtige Streitschrift *Versuch über den Begriff des Republikanismus.*[123]

Für die frühen politischen Schriften Schlegels ist der Begriff des Republikanismus von zentraler Wichtigkeit. Schlegels Text, der fast zeitgleich mit dem berühmten Aufsatz *Ueber das Studium der Griechischen Poesie* entstand, gilt als eines der wenigen Zeugnisse der »anderen Romantik«[124], die sich mit den liberalen Ideen auseinandersetzt, die das Aufklärungszeitalter prägen, anstatt sich von ihnen zu distanzieren. Er ist durch die Altertumsstudien einerseits und von Kants wirkmächtigem Traktat *Zum ewigen Frieden* andererseits beeinflußt. Kants strikte Berufung auf die republikanische Verfassung als der einzigen, die die Freiheit und Gleichheit aller Mitglieder der Gesellschaft ermöglichen kann, beeindruckte die jungen Frühromantiker. Die aus selbstbewußten nationalen Republiken zusammengesetzte Weltrepublik als Garantin des Friedens wurde zum politischen Ideal dieser Jahre. Eine Idee, die bis heute nichts von ihrer Faszination verloren hat[125], sollte in einem modernen, auf parlamentarisch-repräsentativen Prinzipien beruhenden Staat verwirklicht werden, der auf Frieden und Freiheit ausgerichtet ist. Gewaltenteilung ist sein Kennzeichen. Da die antiken Republiken nicht repräsentativ waren, lehnt Kant sie als Modell für seine Staatsauffassung ab.

Schlegel hingegen ist ein Anhänger der unmittelbaren Demokratie und erkennt in der antiken Form der Republik ein Urbild dessen, was er favorisiert. Hier zeigt sich ihm ein Ideal politischer Ordnung, das durch eine unendlich fortschreitende Annäherung verwirklicht werden kann. (Vgl. VII, 12) Die antike politische Verfassung wird so zum normativen Leitbild der Gegenwart. Während Kant darauf besteht, die ausführende (Regierungs-)Gewalt von der gesetzgebenden zu trennen, setzt sich Schlegel mit dem vereinheitlichenden Begriff des Volkes über Kantische Bedenken hinweg.

Während Kant anführt, daß sich Freiheit und Gleichheit erst praktisch realisieren lassen, wenn sich eine (repräsentative) Staatsform institutionalisiert hat, die einen postulierten Allgemeinwillen ausführen könnte, kehrt Schlegel dieses Bedingungsverhältnis um: »Die Gleichheit und Freiheit erfordert, daß der *allgemeine Wille* der Grund aller besondern politischen Tätigkeit sei.« (VII, 15) Scharfsichtig erkennt er sogleich, daß dieses Konzept des Allgemeinwillens kein Erfahrungsbegriff sein kann und überhaupt »nur in der Welt der reinen Gedanken existiert« (VII, 16). Auf der Suche nach einem Ausweg aus diesem Dilemma – schließlich sollte die Idee einer Weltrepublik praktische Gültigkeit besitzen – findet er eine pragmatische Lösung: »Der *Wille der Mehrheit* soll als Surrogat des allgemeinen Willens gelten.« (VII, 17) Wogegen Kant noch den Verdacht des Despotismus hegt[126], darin sieht Schlegel die einzig wahre Staatsform: *»Der Republikanismus ist also notwendig demokratisch.«* (VII, 17) Ausdrücklich tritt er für die Volkssouveränität und ein allgemeines Wahlrecht ein, von dem zwar Kinder und »Verbrecher« ausgeschlossen bleiben, nicht jedoch Frauen: »Weiblichkeit und *vermutliche* Schwäche sind wohl keine rechtmäßigen Gründe, um vom Stimmrecht ganz auszuschließen.« (VII, 17) Diese Forderung ist nicht selbstverständlich zu jener Zeit, und sie paßt zu dem vergleichsweise fortschrittlichen Frauenbild, das Schlegel an anderer Stelle vertreten hat.[127]

Sein Ziel ist die Herrschaftsfreiheit, womit er alle Kantischen relativen Verbesserungen im Zusammenleben menschlicher Gemeinschaften radikalisierend kritisiert: »Das Maximum würde eine absolute Gleichheit der Rechte und Verbindlichkeiten der Staatsbürger sein, und also aller Herrschaft und Abhängigkeit ein Ende machen.« (VII, 13) Indes weiß Schlegel, daß der Realisierung einer solchen Idee wohl Widerstände entgegenstehen; nicht zuletzt der Konjunktiv deutet darauf hin. Trotzdem ist die Formulierung einer derartigen Utopie eminent wichtig, denn daraus leitet er den einzigen Herrschaftsanspruch ab, der sich in seinen Augen demokratisch legitimieren läßt: »Die Voraussetzung, daß der Wille nicht aller einzelnen Staatsbürger mit dem allgemeinen Willen stets übereinstimmen werde, ist der einzige Grund der *politischen Herrschaft* und *Abhängigkeit.*« (VII, 13) Schließlich ist die Surrogatlösung, den Mehrheitswillen als allgemeinen einzusetzen, die praktische Konsequenz dieser nur theoretisch möglichen Herrschaftslosigkeit. Allein mit Blick darauf kann die Herrschaft von Menschen über andere Menschen gerechtfertigt werden. Wird der Mehrheitswille respektiert, ist dies keine Unterdrückung Andersdenkender, sondern die Sicherung der Freiheit aller, verstanden als wechselseitig aufeinander angewiesene personale Gemeinschaften.

Eine noch darüber hinausgehende allgemeine Friedenssicherung kann es allerdings erst geben, wenn alle derart »kultivierten Nationen« (VII, 22) sich als autonome und isonome, d.h. gleichberechtigte Einzelstaaten föderalistisch vereinigen. Solange es noch »unpolizierte Nationen« (VII, 22) gibt, bleibt die Kriegsgefahr latent bestehen.

Auch in späteren Schriften sieht Schlegel den Krieg als eine Art notwendiges Übel an, verursacht durch die menschliche Unvollkommenheit. (Vgl. XIII, 153) Friedfertigkeit darf nicht Wehrlosigkeit bedeuten: »Wem ist es unbekannt, daß man sehr oft Krieg führen muß, um den Frieden zu gewinnen?« (VII, 574) Ein absoluter Pazifist ist er nicht, aber auch kein Kriegstreiber. Er tendiert zur Vorstellung vom gerechten Krieg, in dem das einzig legitime Ziel, Frieden zu schaffen, auch mit Gewalt durchgesetzt werden darf. Der Krieg wird dann zu einem »bewaffneten Rechtsprozeß« (VII, 573). Dabei bezieht sich Schlegel nicht auf eine völkerrechtliche Grundlage, sondern auf christlich unterlegte Moralbegriffe, wonach eine Kriegserklärung dann gerechtfertigt ist, wenn sie »ganz auf die Wahrheit gegründet« ist und dem »gerechten und richterlichen Charakter Gottes« (X, 154) entspricht.

Universeller, vollkommener Republikanismus und ewiger Friede gelten Schlegel als Wechselbegriffe – solange ersterer nicht verwirklicht ist, kann der zweite nicht garantiert werden. Von dieser politisch erwiesenen Notwendigkeit des Friedens muß also die historische Möglichkeit unterschieden werden. Der »universelle Weltrepublikanismus« bleibt das politische, von frühromantischen Idealen geprägte Ziel, seine historische Realisierung steht zwar noch aus, doch ist sie prinzipiell möglich. Im Gegensatz dazu gibt der späte Schlegel die Verwirklichung des Friedens ganz in Gottes Hand, während er den Menschen für unfähig hält, die Zwietracht je zu überwinden. (Vgl. X, 164) Erst wenn das Reich Gottes auf Erden errichtet sein wird, kann es keine Kriege mehr geben. Die Vorstellung vom Menschen als Gestalter der Geschichte wird damit in einem zentralen Punkt relativiert.

Die Überzeugung, daß die Geschichte unaufhaltsam zum Besseren fortschreitet, entstammt dem aufgeklärten Denken. Ein berühmtes Beispiel ist Condorcets *Entwurf einer historischen Darstellung der Fortschritte des menschlichen Geistes*[128], der 1794 Aufsehen erregt. Schlegel verfaßt eine Rezension, die 1795 in Niethammers *Philosophischem Journal* erscheint.

Von der Annahme Condorcets, daß die Geschichte bis zur grenzenlosen Vervollkommnung der Menschheit voranschreitet (Perfektibilitätsthese), ist Schlegel beeindruckt, doch distanziert er sich von diesem Geschichtsbegriff, dem er seine eigene Auffassung gegenüberstellt. Demnach unterscheidet er die »reine Wissenschaft« (VII, 4) oder Entwicklung des Bewußtseins von der Realgeschichte: »*Die beharrlichen Eigenschaften des Menschen* sind Gegenstand der reinen Wissenschaft, *die Veränderungen des Menschen hingegen* [...] sind der Gegenstand einer wissenschaftlichen Geschichte der Menschheit.« (VII, 5) Deshalb kann er eine Notwendigkeit nur in den »Stufen der innern Entwicklung«

(VII, 5) erkennen, wodurch sich in der Zeit ausbildet, was in nuce bereits angelegt ist. Zufällige Ereignisse und Strömungen der Realgeschichte bleiben davon prinzipiell unberührt, das eine taugt nur bedingt zur Erklärung des anderen. Ohne aufgrund der Analysen Condorcets eigene Aussagen über den zukünftigen Verlauf der Geschichte zu wagen, lobt Schlegel den »hohen Grad der Evidenz« (VII, 7) der historisch veranschaulichten Thesen. Allerdings hegt er erhebliche »Zweifel [...], ob die unendliche Perfektibilität (von deren Gültigkeit als Idee Rez. völlig überzeugt ist) allein ein hinreichendes Prinzip der Geschichte der Menschheit sei« (VII, 8). Condorcets Fortschrittsoptimismus, der die Geschichte als einen Optimierungsprozeß ähnlich der rasanten naturwissenschaftlichen Entwicklung ansieht[129], vermag er nicht zu teilen. Der Sinn der Geschichte liegt nicht in der Erkenntnis angeblich übergeordneter Gesetzmäßigkeiten, sondern in den konkreten Ereignissen, die freilich unüberschaubar sind. »Möchte doch bald ein Philosoph die Masse der Geschichte *nur* vollständig ordnen!« (VII, 6) ruft er aus. Gesetzmäßige Aussagen über die Geschichte sind überdies nur möglich, wenn die Heterogenität der Abläufe berücksichtigt wird. Erst dann kann Condorcets spannende Frage beantwortet werden. Dazu bedarf es nicht mehr und nicht weniger als eines »Newton« für die Geschichtsschreibung, »der mit gleicher Sicherheit den verborgenen Geist des Einzelnen zu treffen, und sich in dem unübersehlichen Ganzen zu orientieren weiß« (VII, 6f.). Es bleibt offen, ob Schlegel nicht insgeheim hoffte, ein solcher »Newton« zu sein oder zu werden.[130]

Die z.T. radikalen Ansichten, die Friedrich Schlegel im Republikanismus-Aufsatz vertreten hatte, wandelten sich bald anläßlich bestimmter Erfahrungen, die er im Zusammenhang mit seiner Übersiedelung nach Paris machte. Im Kontext dieser Reise nach Frankreich, von der er eine ausführliche Schilderung (1803) an Ludwig Tieck sandte, wird Europa in seiner kulturellen und politischen Vielgestalt zu einem Gegenstand seiner Reflexionen, gleichsam lebendiges Bild seiner Überlegungen zu Verfassung und Nation. Gedanken über die Zukunft des europäischen Kontinents bewegen ihn: »Die große Frage ist, sollen die Europäer *ein Volk werden* (alles verschmolzen), *oder jede Nation nur ganz sie selbst sein*?« (XVIII, 571, 103) Für dieses Problem hat sich bis heute, immerhin fast zweihundert Jahre später, keine wirklich überzeugende Lösung gefunden, wenn auch die wirtschaftliche Entwicklung mittlerweile in die Richtung einer »Verschmelzung« weist, wie sie sich z.B. durch die gemeinsame Währung abzeichnet. Schlegel hat in bemerkenswerter Hellsichtigkeit vorausgeahnt, daß wirtschaftliche Zusammengehörigkeit und politischer bzw. kultureller Fortschritt nicht dasselbe sind: »[...] was alles lenkt und endlich entscheidet aber, ist Gewinn und Wucher, und überall nichts als Gewinn und Wucher, eine Macht an der nicht bloß die Versuche der Philosophie, sondern selbst militärische Unternehmungen, die einen höhern Geist atmen, am Ende doch scheitern.« (VII, 71 f.) Die auf diese Weise entstehende *»europäische Gleichheit«* (VII, 72) läßt nur wenig Spielraum zur Entfaltung kultureller Eigenarten, während doch die Einzigartigkeit Europas gerade in der Vielfalt seiner Lebensweisen liegt. Es besteht die Gefahr, daß die wirtschaftliche Stärke die Kultur verflacht. Trotz dieser eher pessimistischen Diagnose glaubt Schlegel fest daran, daß sich die »tellurischen Kräfte in Einheit und Harmonie« (VII, 78) bringen lassen, wenn man die Erreichung dieses Ziels nicht nach Jahrhunderten, sondern nach Jahrtausenden bemißt, denn die »ewige Vervollkommnung steht wohl dennoch fest« (VII, 79). Hierin lassen sich bereits eschatologische Züge im Geschichtsbild erkennen, die sich in seinen späteren Texten noch verdichten. Der Europaenthusiast will den Kontinent als zukünftige Stätte einer freien und geeinten

Menschheit visionär gestalten. Sein weiterer Lebensweg bringt es mit sich, daß er auch die konkreten Anforderungen des politischen Tagesgeschäfts in diese Überlegungen einbeziehen muß.

Die historisch-politischen Themen beherrschen die mittlere Schaffensphase Schlegels von etwa 1804 bis 1822.[131] Parallel zur intensiveren Beschäftigung mit Fragen historischer Systematik und aktueller Tagespolitik gehen seine Arbeiten auf dem Feld der Literaturkritik zurück. In diesen Jahren widmet er sich der dritten »Tendenz des Zeitalters«, als die er im berühmten Athenaeumsfragment 216 die historische Entwicklung unter dem Stichwort der Französischen Revolution bezeichnet hat. Besonders irritierend wirkt es auf die Zeitgenossen wie auf die Nachwelt, daß Schlegel zwei seiner wichtigsten politischen Anschauungen verwarf, für die er in den obengenannten Schriften vehement eingetreten war. Doch 1820 erklärt er die Ereignisse von 1789 als »das revolutionäre Übel« (VII, 489). Sodann erteilt er dem Republikanismus eine Absage und setzt sich für die absolutistische Monarchie ein. Dieser Sinneswandel ergibt sich aus dem Übertritt zum Katholizismus und aus seiner Tätigkeit am Wiener Hof, was allerdings eine vereinfachende und äußerlich bleibende Erklärung ist. Nicht von der Hand weisen läßt sich freilich, daß Schlegel damit den Schritt von der Romantik zur Restauration vollzogen hat.

Der Kontrast zwischen den früheren und den späteren Ansichten ist sicher spektakulär. Dadurch, daß Schlegel sich der katholischen Kirche angeschlossen hatte, lag eine Antwort auf die drängendsten Fragen immer bereit, der Hinweis auf den christlichen Gott, der Ursache und Ziel von allem ist. Die Meinungen darüber fielen unterschiedlich aus. Joseph von Eichendorff, ebenfalls katholisch, sah die Schlegelsche Wende zum Katholizismus nicht negativ, sondern als Rückführung der Romantik von einem Irrweg zu ihrem Ursprung.[132] Heinrich Heine hingegen spottete, bei Schlegel sehe man »lauter tonsurierte Gedanken hervorlauschen«[133]. Da scheint nicht viel von dem Freiheitsenthusiasmus übrigzubleiben. Geht man jedoch etwas subtiler an das Problem heran, wird deutlich, daß sich der Wandel des Standpunkts nicht nur im Resultat, der Gewichtung historischer Fakten, niederschlägt, sondern sich in unterschiedlicher Weise auch auf die Methodik der Schlegelschen Geschichtsbetrachtung auswirkt.

Schlegels Annäherung an seinen jeweiligen historischen Gegenstand ist eine produktive: Stets versucht er, aus der Analyse der Vergangenheit zugleich Einsichten in die gegenwärtigen Verhältnisse zu gewinnen, wie sie ihm nur die Geschichte vermitteln kann. In einem berühmt gewordenen Fragment faßt er diese Methode zusammen: »Der Historiker ist ein rückwärts gekehrter Prophet« (XVIII, 85, 667), lautet seine Einschätzung.[134] Seine Geschichtsbetrachtungen dienen nicht einer bloßen Archivierung des Wissens über die Vergangenheit, sondern einer lebendigen Auseinandersetzung unter Einbeziehung der Gegenwart, die er ebenfalls als eine Form der Geschichte begreift. Ein Historiker, der zugleich rückwärtsgewandter Prophet ist, versucht, in den sich scheinbar zufällig vollziehenden geschichtlichen Abläufen eine Kohärenz oder zumindest eine Struktur zu erkennen, um von daher Rückschlüsse auf Gegenwart und Zukunft zu ziehen. Schlegel ist sich sicher, daß hinter dem Chaos der Ereignisse eine Ordnung verborgen liegt, um deren Erkenntnis sich die Menschen bemühen müssen: »Der Schein der Regellosigkeit in der Geschichte der Menschheit entsteht nur durch die Kollisionsfälle heterogener Sphären der Natur, die hier alle zusammentreffen und ineinander greifen.« (II, 202, 227)

Zu einer Lieblingsidee Schlegels gerät die Vorstellung, daß hinter der vermeintlichen Linearität der historischen Entwicklung ein zyklischer Ablauf steckt. Dieses bereits in den frühen

Fragmenten bevorzugte Ideal[135] setzt sich noch in den späteren geschichtsphilosophischen Texten fort: »Sind die Gesetze richtig, welche für die Geschichte angegeben wurden, bildet die Geschichte im ganzen einen Kreislauf, so ist mit ihrem Anfange auch schon das Ende gefunden.« (XIII, 34) Fallen Anfang und Ende zusammen, ist die Suche nach dem Anfang zugleich ein Hinweis auf die Erlösung am Ende der Geschichte, die die frühe Romantik noch in der Erfüllung des Goldenen Zeitalters sah, während der spätere Schlegel von der »göttlichen Grundlage aller Geschichte« (XI, 31) überzeugt ist.

Zwangsläufig drängt sich mithin die Frage nach dem Ursprung auf, die sich zumindest hypothetisch klären lassen muß, soll das Geschichtsbewußtsein nicht ins Stocken geraten: »Da man immer so sehr gegen die Hypothesen redet, so sollte man doch einmal versuchen, die Geschichte ohne Hypothese anzufangen.« (II, 201, 226) Hat Schlegel sich zunächst mit seinen Altertumsstudien der Antike verschrieben, so erweitert die Auseinandersetzung mit der orientalischen Geschichte und Kultur sein Geschichtsverständnis erheblich. Parallel zu diesen Untersuchungen der Realgeschichte beschäftigt er sich mit den Mythologien beider Kulturkreise. Aus dieser Koinzidenz leitet er ein Verständnis des historischen Ursprungs ab, das eine Epoche um so höher einschätzt, je näher sie zeitlich zur Offenbarung steht. Die ältesten Kulturen repräsentieren die Unmittelbarkeit bzw. das Unendliche deutlicher als nachmalige Phasen der Geschichte, sie sind in dieser Hinsicht noch weitgehend unverfälscht. »Es läßt sich aber selbst historisch nachweisen, daß die Menschen in den ältesten Zeiten wunderbarer, künstlicher, liebender, freier, dichterischer, sittlicher waren als in späteren.« (XI, 117) Diese Auffassung wird als »Prinzip der Anciennität«[136] bezeichnet, und sie läuft tendenziell der favorisierten zyklischen Geschichtsvorstellung zuwider.

Aus der Suche nach dem Anfang ergibt sich die Zwei-Stadien-Theorie der Geschichte, wie sie schon in Schlegels frühen literaturhistorischen Arbeiten sichtbar und in den *Vorlesungen über Universalgeschichte* von 1805/06 verfestigt wird. Hier wird zugleich die Tendenz offenkundig, eine Philosophie der Geschichte zu entwickeln, also notwendigerweise eine Rekonstruktion der Geschichte nach einem bestimmten Plan oder einer Vorstellung, die systematischen Charakter hat und nicht zwingend chronologisch vorgehen muß. Doch gemäß seiner in der Condorcet-Rezension vertretenen Auffassung kann Schlegel bei der Darstellung der Universalgeschichte nicht in dieser Weise abstrakt verfahren. Er muß sich deshalb zumindest in der Grobstruktur an den historischen Abläufen orientieren; Freiheit hat er allerdings bei der Gewichtung. Und hier ist seine Einschätzung deutlich: »Die Universalhistorie teilt sich in zwei Teile, in alte und in neue.« (XIV, 5) Der junge Schlegel versucht, dem Widerspruch zwischen zyklischer und linearer Geschichtsbetrachtung noch zu entkommen, indem er zu paradoxen Formulierungen greift, um ihn zu vertuschen: »Das Romantische bleibt ewig neu.« (XVI, 124, 475) Später, beschäftigt mit dem Wechsel seines Glaubensbekenntnisses, neigt er der Uroffenbarungslehre zu und vermutet einen *»übernatürlichen Anfang* der Geschichte« (XIII, 34), der allerdings als solcher nicht mehr auffindbar ist.

Ausgehend von der Zwei-Stadien-Theorie, wird das Problem des Anfangs erneut akut, wenn es um das Einsetzen der neueren bzw. modernen Geschichte geht. Hier finden wir eine eher transzendente Begründung gerade beim jungen Schlegel: »Der revolutionäre Wunsch, das Reich Gottes zu realisieren, ist der elastische Punkt der progressiven Bildung, und der Anfang der modernen Geschichte.« (II, 201, 222) Demgegenüber wagt sich Schlegel in späteren Arbeiten so weit vor, konkrete historische

Ereignisse zum jeweiligen Anfang der modernen Geschichte zu bestimmen. Diese Ursprungshypothesen variieren beträchtlich: Mal beginnt die neue Geschichte mit Alexander (vgl. XIV, 5 f.), mal mit dem frühen Christentum (vgl. XIV, 168). Doch auch mit der Reformation (vgl. XIV, 211) oder mit der Entdeckung Amerikas läßt er sie anfangen (vgl. XIV, 221). An anderer Stelle verlegt er den Bruch zwischen alter und neuer Geschichte ins 17. Jahrhundert, das er als die Zeit charakterisiert, in der die zunehmende Verwissenschaftlichung der Welt die Entsäkularisierung zur Folge hatte, was er kritisch hinterfragt: »War die durchaus physische und mathematische Denkart, welche aus jener Richtung des Geistes, auch über sittliche Gegenstände sich verbreitete, die richtige und angemessene?« (VI, 222)

Diese Einteilungen wirken auf den ersten Blick willkürlich und unsystematisch. Tatsächlich verbirgt sich dahinter dieselbe moderne Form der Geschichtsbetrachtung, mit der Schlegel schon die Literaturgeschichtsschreibung revolutionierte. Er verzichtet auf einen absoluten Standpunkt des Historikers und formuliert seine Interessen immer wieder anders, zeigt beispielsweise die Ursprungsproblematik in verschiedenen Kontexten auf und gibt so eine Sicht auf die Ereignisse aus mehreren Perspektiven frei. Mit anderen Worten, der jeweilige Standort wird in Beziehung zum betrachtenden Individuum gesetzt, was Schlegel erlaubt, bestimmte Epochen der Geschichte gegenüber anderen wertend hervorzuheben und sie als Vorbild für die Gegenwart zu interpretieren.

Das Gegenwartsinteresse bestimmt die Geschichtsbetrachtung: Dieser methodisch reflektierten Einsicht verdanken Schlegels historische Studien ihr hohes Niveau. Je stärker sich der ältere Schlegel jedoch dem Anciennitätsprinzip annähert, desto mehr idealisiert er die bewährte Form des Alten und wertet das Neue ab. Hinzu kommt die »katholisierende« Tendenz. Auch wendet er sich von dem Kohärenzgedanken ab, mit dem er früher geliebäugelt hat. Nun steht für ihn fest, daß keine »Begebenheit der Weltgeschichte jemals als eine schlechthin notwendige angesehen werden kann und darf« (VII, 489). Die Geschichte läuft nach einem geheimen Plan Gottes ab, den der Mensch nicht genau kennen kann. (Vgl. IX, 226 f.)

Weiterhin bestimmend bleibt allerdings die Parallelität von Kunstauffassung und Geschichtsverständnis. Drückte sich dies beim jungen Schlegel noch so aus, daß eine korrespondierende Beziehung zwischen frühromantischem Poesiebegriff und der Vorliebe für die republikanische Verfassung bestand, so bevorzugt der ältere nicht nur die mittelalterliche Dichtung und Malerei, sondern befürwortet politisch die ständische bzw. hierarchische Form von Herrschaft. Die Reformulierung seines Standpunkts wird hier wiederum deutlich, aber der methodische Grundsatz einer als analog betrachteten Konstruktion von Kunst und Geschichte wird beibehalten.

Der vormalige Apologet der Herrschaftsfreiheit fordert in seinen politischen bzw. geschichtsphilosophischen Spätschriften theologisch legitimierte Autoritäten, auf die sich entsprechende Institutionen gründen lassen. Damit wendet sich Schlegel von liberalen Auffassungen ab. Offenkundig wird dies 1820 in seinem Aufsatz *Signatur des Zeitalters*, der in seiner neu herausgegebenen Zeitschrift *Concordia* (1820-1823) erscheint, von der manche behaupten, er habe sie um dieser Schrift willen gegründet.[137] Hier faßt er die politische Entwicklung für die Jahre seit 1815 zusammen. Die vorherrschende Ruhe entlarvt er als eine trügerische, der in Wahrheit ein innerer Unfriede zugrunde liege. Der religiöse wie soziale Pluralismus der Zeit wirke sich ungünstig auf die Menschen aus, es komme zum Zerfall aller gesellschaftsstiftenden Strukturen, wenn ein geschlossenes Weltbild fehle. Dieses findet Schlegel wie selbstverständlich im Katholizismus, den er allerdings keinesfalls für politische Ziele instrumentalisieren will, was eine »große und frevelhafte Entheiligung« (IX, 277) wäre. Seine politischen Ideen sind restaurativ: Die Revolution und andere nunmehr als Fehler und Irrtümer eingeschätzte Ereignisse der neueren Geschichte können nur in einem kirchlich orientierten Ständestaat überwunden werden. Der sonst so scharfsinnige Schlegel übersieht allerdings, daß erst die Abkehr von der ständischen Ordnung die Neuzeit im engeren Sinne ermöglicht hat. Indem er sich zunehmend an der biblischen Überlieferung ausrichtet, begreift er historische Entwicklungen häufig als Sünde, von der nur die Rückkehr zu einem gottgefälligen Leben erlösen kann. Dabei darf sich die Menschheit Gottes Erbarmen gewiß sein. Schlegel verzichtet auf subtile Argumente, um seine Thesen zu rechtfertigen, und setzt an deren Stelle die Lehren der Offenbarung und andere Dogmen des Glaubens. Alles Zwiespältige, in der Geschichte wie im einzelnen Menschen selbst, soll auf diese Weise überwunden werden. Die produktiven Momente derartiger Spannungsverhältnisse, die auszuloten einen wesentlichen Reiz der Frühromantik ausmacht, werden negiert. Übrig bleibt allein deren zerstörerisches Potential, das mit göttlicher Liebe allerdings bewältigt werden kann. Die Menschen mögen doch »einer höhern Lösung von oben, einer Hand und Macht, die nie fehlen kann« (IX, 302), vertrauen.

Dieser drastische politische Sinneswandel ist auch ein Ergebnis von Schlegels Lebensweg in den betreffenden Jahren. Als Katholik wollte er seine historischen Forschungen nunmehr in Wien fortsetzen. Der Eintritt in die Beamtenlaufbahn sicherte seine materielle Existenz. Ab März 1809 hatte er die Position eines Hofsekretärs der Armeehofkommission zu Diensten des Generalintendanten der kaiserlichen Armee, Graf Friedrich Stadion, inne. Als im selben Frühjahr der Krieg zwischen Österreich und dem napoleonischen Frankreich ausbrach, begleitete er den Feldzug im Stab des Erzherzogs Karl und wurde mit der Aufgabe betraut, die österreichische Armeezeitung herauszugeben. Als Redakteur der neugegründeten *Österreichischen Zeitung*, die zweimal wöchentlich erschien, legte er den Schwerpunkt auf die Berichterstattung darüber, »was für den gegenwärtigen Augenblick das meiste Interesse hat«[138]. Als Kriegskorrespondent mußte sich Schlegel hauptsächlich mit der Tagespolitik auseinandersetzen. Er begleitete die Armee nach der Niederlage von Wagram (Juli 1809) auf ihrem Rückzug nach Ungarn. Dort führte er ein literarisches Tagebuch und nutzte die Zeit von August bis Dezember, um sich mit ungarischer Poesie und Geschichte zu beschäftigen.

Als Publizist erregte Schlegel die Aufmerksamkeit Metternichs. Dieser setzte ihn als Redakteur des neuen *Österreichischen Beobachters* ein, wo er vor allem ein bedeutendes Feuilleton gestaltete, während er auf den politischen Teil weniger Einfluß hatte. Nach einem Jahr gab er die Leitung des Blattes ab und widmete sich wieder seinen historischen Forschungen. Die Vorlesung *Über die neuere Geschichte* (1810) war ungewöhnlich erfolgreich und wurde viel beachtet, von Goethe ausdrücklich gelobt.[139] Er setzte auf diese Weise seinen politischen Kampf gegen Napoleon fort, denn im Mittelpunkt stand der Entwurf einer österreichischen Staatsphilosophie, getragen von der Idee des wahren Kaisertums, die er am ehesten durch das Haus Habsburg bewahren zu können glaubte. Er proklamierte als Ideal eine monarchische Herrschaftsform, die aus den Staaten der »gesitteten Welt« einen Verbund schafft, »ohne daß die Einheit, die freie und eigentümliche Nationalentwicklung jeder einzelnen Nation aufgeopfert würde« (VII, 208). Die Monarchie löste also den Weltrepublikanismus als ideale Staatsform ab, den Schlegel in seiner Jugend präferiert hatte. Seine politische Philosophie vollzog auf diese Weise einen radikalen Wandel, ganz im Stil einer »konservativen Revolution«[140].

Außerdem betätigte sich Schlegel als Herausgeber einer literarischen Zeitschrift kulturkonservativen Zuschnitts, die er *Deutsches Museum* nannte (1812/13). Im enzyklopädischen Stil wollte er den Stand der Wissenschaft und Kunst repräsentativ darstellen, was zugleich auch eine kulturelle Selbstbehauptung gegen die napoleonische Besetzung sein sollte. Aus der Vielzahl der Beiträger, darunter Friedrich de la Motte-Fouqué, Joseph von Görres, die Gebrüder Grimm, Wilhelm von Humboldt, Jean Paul und natürlich August Wilhelm Schlegel, sollte eine Pluralität der Standpunkte erwachsen, dargeboten in einem durchaus publikumswirksamen Organ. Auf entschiedene und kritische Weise wollte Schlegel Einfluß auf die Bildung des Nationalbewußtseins gewinnen.[141] Statt einer seiner Meinung nach allzu leichten, spielerisch-ästhetischen Haltung sollten wieder moralische Ernsthaftigkeit und philosophischer Wahrheitsgehalt die öffentlichen Diskussionen bestimmen.[142] Vor dem Hintergrund der Kriegsereignisse dieser Jahre trug die Zeitschrift zur Entwicklung einer patriotischen Gesinnung bei, nicht zuletzt durch das breite Spektrum der Themen und die eindrucksvolle Liste der Mitarbeiter.

Zeitgleich arbeitete Schlegel an seiner politischen Karriere weiter. Wiederum half ihm sein Bruder, indem dieser sich bei Metternich für ihn verwendete. So wurde Friedrich Schlegel beauftragt, Verfassungsentwürfe auszuarbeiten. Er setzte sich für eine ständische Gliederung des Staates ein, vertrat aber auch vehement die Religionsfreiheit von Christen und Juden. In dem Artikel *Über Juden*[143] forderte er die Gleichstellung der »Israeliten« und ihre Anerkennung als Bürger mit allen Rechten und Pflichten wie Gewerbefreiheit und Wehrdienst. (Vgl. VII, 471 f.) In einer politisch judenfeindlichen Zeit prangerte er deren Verfolgung immer wieder an.[144]

Während des Wiener Kongresses sollte Schlegel die österreichische Politik in Zeitungsartikeln und verschiedenen Publikationen verbreiten. Metternich hatte die Bedeutung einer effizienten Öffentlichkeitsarbeit für die Durchsetzung seiner Interessen klar erkannt. In einem der für die Meinungsbildung führenden Zeitungsorgane, dem *Hamburgischen Unpartheyischen Correspondenten*, nahm Schlegel immer wieder zu wichtigen Verhandlungsabschnitten des Wiener Kongresses Stellung und bekräftigte dabei die österreichischen Positionen, doch vertraute ihm Metternich nicht vorbehaltlos: Wegen seiner Kontakte zum Klerus wurde er zeitweilig von der Geheimpolizei überwacht. Außer für die Abschaffung der Judenverfolgung setzte er sich nämlich für die katholische Kirche ein, wollte ihr verstärkten Einfluß auf die Politik einräumen und ihre materielle Basis u.a. durch die Forderung nach Rückgabe ihrer säkularisierten Güter vergrößern. Der Erfolg blieb nicht aus: 1815 verlieh ihm der Papst eine nur selten gewährte Auszeichnung, den Christusorden. Im selben Jahr ernannte ihn Metternich zum Legationsrat und ordnete ihn an den Frankfurter Bundestag ab.

Dort traf Schlegel auf eine ihm fremde Welt der beamteten Diplomatie, der er zunächst mit optimistischer Naivität begegnete. Berichte sandte er direkt an Metternich, unter Umgehung des Dienstwegs, forderte für sich eine Befreiung von verwaltungsrechtlichen Hemmnissen, bezeichnete seinen Vorgesetzten als »excellenten Simplex« und die Kollegen als »Dienstcanaillen« (XXIX, 420) und zeigte insgesamt wenig Anpassungsfähigkeit, so daß seine Karriere nach nur drei Jahren beendet war. Mit einem offiziellen Amt wurde er nie wieder betraut, doch nahm ihn Metternich 1819 auf eine mehrmonatige Italienreise als Kultursachverständigen mit. Für sein Verhalten in Frankfurt gibt es verschiedene Erklärungen; was die einen als Mangel an Unterordnungssinn deuten, ist anderen Zeichen von politischer Unabhängigkeit.[145] Schlegel selbst sah ein Problem darin, daß er als Christ die in seinen Augen selbstherrliche Loslösung der Politik von der ethischen Ordnung und der religiösen Verankerung (vgl. XXIX, 336) nie billigen konnte. In einem sehr grundsätzlichen Sinne wollte er Politik gestalten und setzte sich dabei großzügig über Hierarchien hinweg. Dem Kompetenzgerangel fiel er schließlich zum Opfer. Ein Bürokrat konnte und wollte er nicht sein.

Dennoch war er über den Fehlschlag seiner politischen Mission enttäuscht. Zur Ablenkung stürzte er sich in die Arbeit, kümmerte sich um die Edition seiner verstreuten Schriften, hielt Vorlesungen und gab die Zeitschrift *Concordia* heraus, was schließlich zu einem Zerwürfnis zwischen den Brüdern Schlegel führte, das nie mehr überwunden werden konnte.

Die *Concordia*, insbesondere der sich über mehrere Hefte erstreckende Aufsatz *Signatur des Zeitalters*, verkündete die Ideologie der Wiener Spätromantik, die eine extrem konservative Gegenposition zu neueren politischen Entwicklungen wie Wirtschaftsliberalismus, Parlamentarismus und repräsentative Demokratie einnahm. Zu den Mitarbeitern zählten Franz von Baader und Adam Müller, die neben Joseph von Görres und Friedrich von Gentz sowie Zacharias Werner zu den führenden Repräsentanten der politisch-katholischen Restauration gehörten. Schlegel bekannte sich in den Artikeln dieser Zeitschrift nicht nur explizit zum Katholizismus, sondern wandte sich zugleich von allen wichtigen früheren Auffassungen ab. Das traf seinen Bruder August Wilhelm tief, negierte der Jüngere damit doch zugleich eine ganze Epoche, die ihrer beider gemeinsame Vergangenheit gewesen war. August Wilhelm wollte die politischen Auffassungen seines Bruders nicht teilen. Insbesondere die Karlsbader Beschlüsse, die die Freiheit der Presse und die der Wissenschaft an den Universitäten erheblich einschränkten, konnte der Bonner Professor nicht billigen.[146] Die Angriffe seines Bruders gegen alles, was ihnen beiden früher wichtig war, konnte er nicht ertragen. Er kündigte Friedrich brieflich an, gegen dessen Ansichten zu polemisieren. 1827 veröffentlichte er als Höhepunkt der politischen Meinungsverschiedenheiten die *Berichtigung einiger Mißdeutungen*, in der er sich zum evangelischen Glauben und zur Familientradition bekannte, womit er sich endgültig von Friedrich lossagte. Das Ende der brüderlichen Freundschaft war damit unwiderruflich besiegelt.

In seinem letzten Lebensjahrzehnt verringerte sich der allgemeine Einfluß Friedrich Schlegels spürbar. Sein Wirkungskreis beschränkte sich bald auf sein katholisches Umfeld. Er unterhielt einen intensiven Briefwechsel mit Christine von Stransky aus Augsburg, einer der Mystik nahestehenden Frau. Die Beschäftigung mit esoterischen Themen beeinflußte seine Spätphilosophie.

In seiner Vorlesungsreihe zur *Philosophie der Geschichte*, die er von März bis Ende Mai 1828 in Wien hielt und die noch im selben Jahr gedruckt vorlag, tritt der eschatologische Standpunkt deutlich hervor, den Schlegel zum Ende seines Lebens einnahm. Die Geschichte, die den Menschen als eine Abfolge von Zeitaltern erscheine, werde von einer göttlichen Vorsehung gelenkt, was jeweils an den historischen Wendepunkten erkennbar werde. Ihre (scheinbar) lineare Entwicklung sei aber nur ein Trugbild der verabsolutierten menschlichen Sicht auf die Ereignisse, was Schlegel unter dem Begriff »Zeitgeist« zusammenfaßte, den er auch als »Lügengeist« (X, 155) oder böses Prinzip bestimmte (vgl. IX, 412 f.). Der Mensch sei frei, sich zwischen dem Bösen und dem Guten zu entscheiden. Der ständige Kampf zwischen diesen Grundsätzen mache jedoch den eigentlichen Geschichtsverlauf aus, der von Gott gelenkt und zum Guten geführt werde. (Vgl. IX, 339) In dieser Auffassung Schlegels kehrt das zyklische Prinzip wieder, jetzt mit Betonung der Geschichte als Heilsgeschichte. Diese als wahr apostrophierte Entwicklung ist der realen Zeitlichkeit enthoben, sie geht von der Offenbarung aus, umfaßt den Abfall der Menschheit von Gott – als solchen interpretierte Schlegel jetzt die Realgeschichte – und die zukünftige Wiederherstellung der Einheit von Gott und Mensch. Deutlich wird die Nähe dieser Erlösungsvision zu der romantischen Vorstellung vom Goldenen Zeitalter. Das in dieser vorhandene teleologische Moment bleibt erhalten, wird nun aber konkret durch den Bezug zur Offenbarung. (Vgl. IX, 225 f.) Darüber hinaus gibt es indes einen signifikanten Unterschied zwischen der früheren und der späteren Endzeitvision. Schlegel verabschiedete sich schließlich von der Vorstellung, der Mensch könne zum Gestalter seiner Geschichte werden, und reduzierte ihn zum Zuschauer, von dem er verlangte, »aufmerksam auf die Wege Gottes zu achten« (XXII, 223, 125). Sowohl das frohlockende Ziel als auch der Weg dahin haben sich also radikal verändert: Aus der Perspektive von Schlegels Alterswerk wird die frühere romantische Utopie zu einer durch den Glauben legitimierten Gewißheit. Wer zu diesem Standpunkt eine kritische Distanz wahrt, erkennt darin allerdings eher eine bloß individuelle Überzeugung, die unter objektiver Betrachtung spekulativ bleiben muß.

Die weitreichenden Folgen dieser Geschichtsphilosophie betrafen auch den Poesiebegriff. Nichts konnte bleiben, wie es in den Frühschriften war, wenn sich der gesamte Bezugsrahmen änderte. Auch die Poesie mußte an die Religion zurückgebunden werden; die unendliche poetologische Selbstreflexivität der progressiven Universalpoesie, also der wesentliche Gedanke der Frühromantik, interessierte Schlegel nicht mehr. Für die Zukunft erwartete er eine neue katholische Hochliteratur[147], die die Realität heilsgeschichtlich darstellen sollte. Das Prinzip der

Parallelität von Kunst- und Geschichtsverständnis wurde jetzt so interpretiert, daß die Kunst den heilsgeschichtlichen Erwartungen dienen muß. Poesie wurde zu einem kulturellen Baustein in Schlegels spätem geschichtsphilosophischem Gesamtbild reduziert, das zutreffender ein geschichtstheologisches genannt werden sollte.

Die Vorlesungen über die *Philosophie der Geschichte* waren Teil eines Plans, ein universales System der gesamten christlichen Philosophie zu erarbeiten. Dazu gehörte auch die *Philosophie der Sprache und des Wortes*, die er ab Dezember 1828 vortrug. Deshalb war er nach Dresden gereist, wo er seinen Freund Tieck wiedersah. Da seine Frau Dorothea in Wien geblieben war, begleitete ihn seine Nichte Auguste von Buttlar, Tochter seiner Schwester Charlotte. Am 11. Januar 1829 mußte er die Arbeiten an seiner Vorlesung wegen einer Herzattacke plötzlich unterbrechen. In der folgenden Nacht verschlechterte sich sein Zustand so sehr, daß er – im Beisein seiner Nichte – verstarb.

Jede abschließende Bemerkung zu Friedrich Schlegels Entwicklung kreist immer wieder um die Frage, ob sich die »Zweiteilung« seines Lebens als Kontinuum oder Bruch interpretieren läßt. Die Forschung ist sich darüber nicht einig. Forscher wie Josef Körner und Ernst Behler versuchen, die innere Logik in Schlegels Biographie nachzuweisen, zu der die Konversion angeblich nicht im Widerspruch steht. Sie berufen sich dabei u.a. auf Schlegels eigene Einschätzung. Davon abweichend tendieren andere Wissenschaftler wie z.B. Klaus Peter und Jutta Osinski zu der Auffassung, Schlegel habe die Selbstwidersprüche unterdrückt, indem er sich mit Eifer der Kirche und ihren Dogmen widmete.[148] Sein Spätwerk bleibe daher, ganz im Gegensatz zu seinen frühen Arbeiten, ohne objektiven Erkenntniswert[149] – eine Differenz, die sich nur aus der absoluten Geschiedenheit der beiden Lebenshälften erklären läßt.

So scheint sich wie bei kaum einem anderen Dichter und Denker die Beurteilung seines Lebenswerks auf Sympathie und Antipathie zugleich zu gründen. Friedrich Schlegel: erst fortschrittlich, literarisch modern, revolutionärer Verteidiger der republikanischen Verfassung mit heimlichem Hang zur Anarchie, für die Gleichberechtigung der Frau, dann konservativ, Anhänger Metternichs, für Kaisertum und Ständestaat, Verfechter erzkatholischer Positionen. Größere Gegensätze sind schwerlich vorstellbar. Wer die eine Sichtweise bevorzugt, muß die andere ablehnen, und umgekehrt. So reagierten bereits die Zeitgenossen gleich nach seinem Tod, wollten den frühen gegen den späten Schlegel retten, wie Tieck und August Wilhelm, oder den späten gegen alle Angriffe verteidigen, wie Dorothea. Schlegel polarisierte seine Angehörigen und Freunde ebenso wie das heutige Publikum. Wer sich mit ihm beschäftigt, kann diesem Problem nicht ausweichen. Friedrich Schlegel hinterläßt ein Spannungsfeld, das zur Parteinahme zwingt. Und das wird wohl auch so bleiben.

Anhang

Anmerkungen

1 Vgl. Manfred Frank, Stil in der Philosophie, Stuttgart 1992, S. 95.
2 Vgl. KA XVIII, S. XII.
3 Vgl. Jure Zovko, Verstehen und Nichtverstehen bei Friedrich Schlegel, Stuttgart 1990, S. 97.
4 Brief von Dorothea Veit an Friedrich Schleiermacher, 8.4.1799, in: KA XXIV, S. 266.
5 Brief von August Wilhelm Schlegel an Friedrich de la Motte-Fouqué, 12.3.1806, in: Krisenjahre der Frühromantik. Briefe aus dem Schlegelkreis, Bd. 2, hrsg. von Joseph Körner, Brünn/Wien/Leipzig 1936 (Neuausgabe Bern 1958).
6 In Musils Notizen finden sich Exzerpte aus den Lyceumsfragmenten. Vgl. Klaus Peter, Friedrich Schlegel, Stuttgart 1978, S. 83.
7 Vgl. Novalis, Schriften. Die Werke Friedrich von Hardenbergs, Bd. 2, hrsg. von Richard Samuel, Stuttgart/Darmstadt 1960, S. 533.
8 Vgl. Friedrich Wilhelm Joseph Schelling, System des transzendentalen Idealismus, in: ders., Sämmtliche Werke, hrsg. von K. F. A. Schelling, Abt. 1, Bd. 3, Stuttgart/Augsburg 1856, S. 627f.
9 Vgl. Carl Enders, Friedrich Schlegel. Die Quellen seines Wesens und Werdens, Leipzig 1913, S. 1, Anm. 2.
10 Vgl. ebenda, S. 179.
11 Vgl. Ernst Behler, Friedrich Schlegel mit Selbstzeugnissen und Bilddokumenten, Reinbek 1966, S. 15.
12 Vgl. Brief von Friedrich an August Wilhelm Schlegel, 27.2.1793, in: KA XXIII, S. 83.
13 Ab seinem 19. Lebensjahr schrieb Friedrich Schlegel Briefe an seinen Bruder August Wilhelm nach Göttingen und Amsterdam, die einen bekenntnishaften Charakter haben, den sie ab 1794 verlieren, als die Verbindung mit Caroline Böhmer, der späteren Frau August Wilhelms, das Verhältnis der Brüder veränderte, weil auch Friedrich Gefühle für sie hegte. Bis zu diesem Zeitpunkt jedoch gilt der Brief-

wechsel als die beste Quelle, um etwas über die innere Entwicklung der frühen Jahre zu erfahren. Vgl. Carl Enders, Friedrich Schlegel, a.a.O., S. 20.

14 Vgl. Brief von Friedrich an August Wilhelm Schlegel, 21.11.1792, in: KA XXIII, S. 79.

15 Vgl. Carl Enders, Friedrich Schlegel, a.a.O., S. 181.

16 Vgl. Brief von Friedrich an August Wilhelm Schlegel, 21.11.1792, in: KA XXIII, S. 74.

17 In dem autobiographisch gefärbten Roman *Lucinde* hat er dieses frühe Erlebnis leidenschaftlichen Empfindens und fortgesetzter Selbstreflexion verarbeitet und insbesondere das Leiden an der Situation beschrieben.

18 »Der Kampf mit Hindernissen und die Freude des erkämpften Gelingens muß unseren eilenden Geist aufhalten.« Brief von Friedrich an August Wilhelm Schlegel, 11.2.1792, in: KA XXIII, S. 44.

19 Vgl. Klaus Peter, Friedrich Schlegel, a.a.O., S. 21 f.

20 Vgl. KA I, S. LXXV.

21 Vgl. Roland H. Specht Jarvis, Die Ausbildung des literarischen Diskurses, Bochum 1988, S. 12.

22 Vgl. Ernst Behler, Friedrich Schlegel mit Selbstzeugnissen und Bilddokumenten, a.a.O., S. 21 f.

23 Vgl. ebenda, S. 22.

24 Der Ausdruck »kritische Chamfortage« wird festgehalten von: Novalis, Schriften, Bd. 4, a.a.O., S. 491. Vgl. außerdem KA XVIII, S. 263, 830.

25 Brief von Friedrich an August Wilhelm Schlegel, Januar 1792, in: KA XXIII, S. 40.

26 Brief von Novalis an Friedrich Schlegel, erste Augusthälfte 1793, in: KA XXIII, S. 115.

27 Brief von Friedrich Schlegel an Novalis, Mitte August 1793, in: KA XXIII, S. 118.

28 Brief von Friedrich an August Wilhelm Schlegel, 21.11.1792, in: KA XXIII, S. 70.

29 Es handelte sich um die 24jährige Bankiersgattin Laura Limburger. Die Affäre nahm im August 1792 ihren Anfang, kurze Zeit später begann Novalis eine Beziehung mit Lauras 17jähriger Schwester Julie Eisenstuck. Vgl. Richard Samuel, Friedrich Schlegel's and Friedrich

von Hardenberg's Love Affairs in Leipzig, in: Festschrift für Ralph Farrell, hrsg. von A. Stephens, Bern 1977.

30 Vgl. Ernst Behler, Friedrich Schlegel mit Selbstzeugnissen und Bilddokumenten, a.a.O., S. 27.

31 Vgl. Berbeli Wanning, Novalis zur Einführung, Hamburg 1996, S. 30f.

32 Brief von Novalis an Caroline Schlegel, 27.2.1799, in: Novalis, Schriften, Bd. 4, a.a.O., S. 279.

33 Vgl. Klaus Peter, Friedrich Schlegel, a.a.O., S. 25.

34 Die Schrift erschien als erste wichtigere Publikation Schlegels 1794 in der *Berlinischen Monatsschrift*.

35 »Der Gang der Griechischen Poesie war also folgender: Sie ging von der Natur aus (Jonische Schule), und gelangte durch die Bildung (Dorische Schule) zur Schönheit. Diese stieg von der Erhabenheit zur Vollkommenheit, und sank wieder zum Luxus, und dann zur Eleganz hinab. Nachdem die Schönheit nicht mehr vorhanden war, ward die Kunst zur Künstlerei, und verlor sich endlich in Barbarei.« (I, 17f., 10).

36 Peter Szondi, Poetik und Geschichtsphilosophie, Bd. 1, Frankfurt/M. 1980, S. 108.

37 Vgl. Kap. 3 dieser Einführung.

38 Zur Darstellung des Republikanismus-Aufsatzes vgl. Kap. 5 dieser Einführung.

39 Vgl. Brief von Friedrich Schiller an August Wilhelm Schlegel, 31.5.1797, in: Friedrich Schiller, Werke, hrsg. von N. Oellers/F. Stock, Bd. 29, Weimar 1977 (Nationalausgabe), S. 80.

40 Vgl. Sigrid Damm (Hg.), Begegnung mit Caroline, Leipzig 1979, S. 30.

41 Vgl. Carola Stern, »Ich möchte mir Flügel wünschen«, Reinbek 1991, S. 78.

42 Sigrid Damm (Hg.), Begegnung mit Caroline, a.a.O., S. 30.

43 Vgl. Kap. 3 dieser Einführung.

44 F. Schlegels Einsatz für die Emanzipation der Frau ist tatsächlich aus der Auseinandersetzung mit der Französischen Revolution und durch unmittelbare Anregung Carolines entstanden. Vgl. Eugenius Klin, Das Problem der Emanzipation in Friedrich Schlegels »Lucinde«, in: Weimarer Beiträge, 1963, S. 98.

45 Schillers Leitbild der »züchtigen Hausfrau«, wie es im *Lied von der Glocke* und in *Würde der Frauen* entworfen wurde, stieß im Roman-

tikerkreis auf Ablehnung, zumal diesem mit Caroline Schlegel (spätere Schelling) und Dorothea Veit (spätere Schlegel) zwei Frauen angehörten, die diesem Rollenbild nicht entsprachen. Beim Vortrag des *Lieds von der Glocke* sind sie vor Lachen beinahe vom Stuhl gefallen. Vgl. Brief von Caroline Schlegel-Schelling an ihre Tochter Auguste, 21.10.1799, in: Sigrid Damm (Hg.), Begegnung mit Caroline, a.a.O., S. 230.

46 Vgl. Hannelore Scholz, Widersprüche im bürgerlichen Frauenbild, Weinheim 1992, S. 95.

47 Vgl. Brief von Friedrich an August Wilhelm Schlegel, 30.11.1792, in: KA XXIII, S. 68 f.

48 Ernst Behler, Friedrich Schlegels Theorie der Universalpoesie, in: Friedrich Schlegel und die Kunsttheorie seiner Zeit, hrsg. von H. Schanze, Darmstadt 1985, S. 194.

49 Vgl. Heinz Hillmann, Bildlichkeit der deutschen Romantik, Frankfurt/M. 1971, S. 49.

50 Friedrich Nietzsche, Ecce homo, in: ders., Sämtliche Werke. Kritische Studienausgabe in fünfzehn Einzelbüchern, hrsg. von G. Colli/ M. Montinari, Bd. 6, München 1980, S. 310.

51 Brief von Friedrich an August Wilhelm Schlegel, 10.2.1794, in: KA XXIII, S. 180 f.

52 Vgl. Carola Stern, »Ich möchte mir Flügel wünschen«, a.a.O., S. 80.

53 Vgl. Roland H. Specht Jarvis, Die Ausbildung des literarischen Diskurses, a.a.O., S. 10.

54 Manfred Frank, Das »fragmentarische Universum« der Romantik, in: Fragment und Totalität, hrsg. von L. Dällenbach, Frankfurt/M. 1984, S. 219.

55 Heinz Härtl, Athenäum-Polemiken, in: Debatten und Kontroversen, hrsg. von H.D.Dahnke, Bd. 2, Berlin 1989, S. 252.

56 Roland H. Specht Jarvis, Die Ausbildung des literarischen Diskurses, a.a.O., S. 11.

57 Brief von Friedrich Schlegel an Novalis, 26.9.1797, in: KA XXIV, S. 22.

58 Vgl. Brief von Novalis an Caroline Schlegel, 27.2.1799, in: Novalis, Schriften, Bd. 4, a.a.O., S. 279.

59 Das wünscht sich auch Julius: »Aber über die Erziehung habe ich schon unsäglich viel gedacht, nämlich, wie wir unser Kind vor aller

Erziehung sorgfältig bewahren wollen. [...] Ich habe einige Entwürfe gemacht, die dir gefallen werden. Auf dich ist sehr dabei gerechnet. Nur mußt du die Kunst nicht vernachlässigen!« (V, 67)

60 »Betrachtet man das sonderbare Kind nicht mit Rücksicht auf eine einseitige Theorie, sondern wie es sich ziemt, im Großen und Ganzen: so darf man kühnlich von ihr sagen, und es ist vielleicht das beste was man überhaupt von ihr sagen kann: Sie ist die geistreichste Person! ihrer Zeit oder ihres Alters. Und das ist nicht wenig gesagt: denn wie selten ist harmonische Ausbildung unter zweijährigen Menschen?« (V, 13 f.)

61 Vgl. Bengt Algot Sørensen, Symbol und Symbolismus in den ästhetischen Theorien des 18. Jahrhunderts und in der Romantik, Kopenhagen 1963, S. 16.

62 Friedrich Wilhelm Joseph Schelling, Philosophie der Kunst, in: ders., Sämmtliche Werke, Bd. 5, a.a.O., S. 412.

63 Eine umfassende Darlegung und historische Würdigung des begrifflichen Bedeutungswandels von »Allegorie« und »Symbol« findet sich bei: Hans-Georg Gadamer, Wahrheit und Methode, Tübingen 1975, S. 66 ff.

64 Vgl. Jure Zovko, Verstehen und Nichtverstehen bei Friedrich Schlegel, a.a.O., S. 117. »Böhme enthält die INNERSTEN *Principien der Allegorie* (und eben damit der Poesie), nach ihm verwandelt sich die ganze Welt in Allegorie, der Zweck alles Daseins ist *Offenbarung* und DARSTELLUNG.« (XIX, 136, 457)

65 Der Roman *Lucinde* enthält auch ein Kapitel mit dem Titel *Allegorie von der Frechheit*.

66 Ernst Behler, Klassische Ironie, romantische Ironie, tragische Ironie, Darmstadt 1981, S. 10.

67 Günther Busse, Romantik. Personen, Motive, Werke, Freiburg/Br. 1982, S. 86.

68 Diese Mißverständnisse bestimmen die ablehnende Rezeption des Romans bis in das 20. Jahrhundert hinein. Vgl. Ricarda Huch, Die Romantik, Tübingen 1951, S. 277 ff.

69 Das *Gespräch über die Poesie* ist ein wichtiger Beitrag zur romantischen Kunsttheorie und erscheint 1799 in der Zeitschrift *Athenaeum*. Der Abschnitt, aus dem das Zitat stammt, ist mit *Brief über den Roman* überschrieben.

70 Vgl. Kap. 2 dieser Einführung.

71 Peter Szondi, Poetik und Geschichtsphilosophie, Bd. 1, a.a.O., S. 116.

72 Johann Joachim Winckelmann wendet seine berühmte Kennzeichnung der antiken Kulter gleichermaßen auf die bildende Kunst, Philosophie und Poesie an: »Die edle Einfalt und stille Größe der griechischen Statuen ist zugleich das wahre Kennzeichen der griechischen Schriften aus den besten Zeiten.« (Johann Joachim Winckelmann, Werke in einem Band, hrsg. von H. Holtzhauer, Berlin/Weimar 1969, S. 20)

73 In den Jahren 1796 und 1797 erscheinen die Charakteristiken zu Jacobis Roman *Woldemar*, über Lessing und über Georg Forster.

74 1801, im Todesjahr von Novalis, in der Endphase der Frühromantik, zieht Schlegel eine Art Zwischenbilanz seiner Arbeit als Kritiker, indem er die Aufsatzsammlung *Charakteristiken und Kritiken* publiziert, die auch Schriften seines Bruders August Wilhelm enthält.

75 Vgl. Willy Michel, Ästhetische Hermeneutik und frühromantische Kritik, Göttingen 1982, S. 13.

76 Hans Lenk, Philosophie und Interpretation, Frankfurt/M. 1993, S. 19f.

77 Willy Michel, Ästhetische Hermeneutik und frühromantische Kritik, a.a.O., S. 263.

78 Goethes *Wilhelm Meister* wird hier, zusammen mit Fichtes *Wissenschaftslehre* und der Französischen Revolution, zu den größten Tendenzen des Zeitalters gerechnet. Allerdings gibt es in der Urfassung des Fragments den einschränkenden Zusatz: »Aber alle drei sind doch nur Tendenzen ohne gründliche Ausführung.« (XVIII, 85, 662) Gerade in bezug auf Goethes Roman bedeutet dies, daß es noch eine Steigerung, eine Art verbesserte Ausführung geben kann: den romantischen Roman *Lucinde*.

79 Vgl. Hans Eichner, Friedrich Schlegels Theorie der romantischen Poesie, in: Friedrich Schlegel und die Kunsttheorie seiner Zeit, hrsg. von H. Schanze, Darmstadt 1985, S. 163.

80 Goethe und Schiller verlangen: »Die vornehmste Forderung, die an den Künstler gemacht wird, bleibt immer die: daß er sich an die Natur halten, sie studieren, sie nachbilden, etwas, das ihren Erscheinungen ähnlich ist, hervorbringen solle.« (Einleitung in die Propyläen, in: Johann Wolfgang Goethe, Werke, hrsg. i.A. der Großherzogin Sophie von Sachsen, Abt. 1, Bd. 47, Weimar 1896, S. 11)

81 Vgl. Kap. 2 dieser Einführung.

82 Schlegel versuchte, Assonanzen als Form im deutschen Drama zu verankern, konnte sich aber nicht durchsetzen.
83 Vgl. Brief von Goethe an August Wilhelm Schlegel, 3.5.1802, in: Johann Wolfgang Goethe, Werke, Abt. 4, Bd. 16, a.a.O., S. 75 f.
84 Briefwechsel zwischen Goethe und Schiller, hrsg. von W. Vollmer, Bd. 2, Stuttgart 1881, S. 312.
85 Mit »Dämon« ist nicht ein teuflisches Wesen gemeint, sondern der Begriff wird von dem Altertumsforscher Schlegel hier im Sinne der sokratisch-platonischen Tradition gebraucht. Dies meint so etwas wie eine (göttliche, d.h. nicht rational erklärbare) Inspiration.
86 Vgl. z.B. den Metallgarten in Novalis' Roman *Heinrich von Ofterdingen*, in: Novalis, Schriften, Bd. 1, a.a.O., S. 291.
87 Vgl. Klaus Peter, Friedrich Schlegel, a.a.O., S. 54.
88 In seinem Privatissimum über die Geschichte der europäischen Dichtung, Paris 1803. Vgl. Klaus Günzel, Romantikerschicksale, Berlin 1988, S. 75.
89 Vgl. Ernst Robert Curtius, Friedrich Schlegel und Frankreich, in: ders., Kritische Essays, Bern 1954, S. 87.
90 Wilhelm Dilthey, Leben Schleiermachers, Bd. 1, in: ders., Gesammelte Schriften, hrsg. von M. Redeker, Göttingen 1970, S. 230. Dilthey selbst hat hingegen dazu beigetragen, das Schlegel-Bild des 19. Jahrhunderts von diesem Klischee zu befreien, indem er seine Schleiermacher-Biographie zugleich als eine Art Rettung Friedrich Schlegels begreift. Vgl. auch Ernst Behler, Friedrich Schlegel mit Selbstzeugnissen und Bilddokumenten, a.a.O., S. 157.
91 Deshalb sind Texte mit einer im engeren Sinn philosophischen Themenstellung im Frühwerk nur spärlich vorhanden, während sie im Spätwerk einen ungleich größeren Raum einnehmen.
92 Vgl. Gerhard Neumann, Ideenparadiese, München 1976, S. 417.
93 Anklänge an den Titel von Goethes Roman *Wilhelm Meisters Lehrjahre* sind von Schlegel durchaus beabsichtigt.
94 Vgl. KA XVIII, S. XXII.
95 Vgl. Peter Rohs, Johann Gottlieb Fichte, München 1991, S. 14.
96 Es handelt sich dabei um Fichtes publizierte Vorlesungen aus den Jahren 1804-1806: *Über das Wesen des Gelehrten und seine Erscheinungen im Gebiete der Freiheit; Die Grundzüge des gegenwärtigen Zeitalters; Die Anweisung zum seligen Leben, oder auch die Religionslehre.*

97 Friedrich Schlegels Briefe an seinen Bruder August Wilhelm, hrsg. von Oskar Walzel, Berlin 1890, S. 314 f.

98 Vgl. Helmut Schanze, Romantik und Aufklärung, Nürnberg 1976, S. 99.

99 Gerhard Neumann, Ideenparadiese, a. a. O., S. 418.

100 Gerade die Bewußtseinstheorie erhebt er zu einem Schwerpunkt seines Spätwerks. Vgl. den Schluß dieses Kapitels.

101 Beispielsweise begründet Schlegel seine Vorstellung von einem »IndifferenzPunkt« (XII, 38), der immer die Mitte der Extreme markiert, mit der »chemischen Wechselwirkung« (XII, 38) zwischen Sonne und Erde. Diese problemlose Übertragung vermeintlicher kosmologischer Einsichten auf philosophische Argumentationen macht einerseits die Originalität des Textes aus, hält aber einer kritischen Überprüfung nicht immer stand.

102 Karl August Varnhagen von Ense, Galerie von Bildnissen aus Rahels Umgang, in: ders., Werke, hrsg. von K. Feilchenfeldt, Bd. 3, Frankfurt/M. 1987, S. 225.

103 Gotthold Ephraim Lessing, Pope ein Metaphysiker?, in: ders., Werke, hrsg. von H. G. Göpfert, Bd. 3, München 1972, S. 636.

104 Diese Vorstellung deckt sich mit Schlegels Überzeugungen im *Gespräch über die Mythologie* von 1798.

105 Christoph Jamme (Hg.), Mythologie der Vernunft, Frankfurt/M. 1984, S. 13.

106 Auch für seine Frau Dorothea hat der von ihr mitvollzogene Religionswechsel persönliche, schwere Konsequenzen, denn sie muß auf das Erziehungsrecht für ihren erst zwölfjährigen Sohn verzichten. Philipp, der später als Maler berühmt werden sollte, ist ihr als der jüngere ihrer Söhne bei der Scheidung von Simon Veit belassen worden, weil er zu dem Zeitpunkt noch ein Kleinkind war.

107 Die Phaseneinteilung folgt: Michael Elsässer, Friedrich Schlegels Kritik am Ding, Hamburg 1994, S. VII. Dort wird auch auf die Behelfsmäßigkeit hingewiesen, die mit dieser Einteilung problematisch einhergeht. Es sei deshalb hinzugesetzt, daß es sich eher um einen zeitlichen Orientierungsrahmen denn um eine qualitative Gliederung handelt.

108 Vgl. Kap. 2 dieser Einführung.

109 Im einzelnen handelt es sich um die Aufsätze *Nachricht von den Gemälden in Paris, Vom Raffael, Nachtrag italienischer Gemälde.*

110 Brief von Friedrich Schlegel an Ludwig Tieck, 15. 9. 1803, in: Ludwig

Tieck und die Brüder Schlegel, hrsg. von Henri Lüdecke, Frankfurt/M. 1930, S. 140.

111 Schlegel hat hier einen Gedanken von Novalis übernommen, dem zufolge alles Bezeichnete im Akt der Sinnkonstitution und im damit untrennbar verbundenen Verstehensakt die Form des »Du« annimmt.

112 Vgl. Friedmar Apel, Von der Nachahmung zur Imagination, in: Propyläen Geschichte der Literatur, hrsg. von Erika Wischer, Bd. 4, Berlin 1988, S. 85.

113 Vgl. Sanne Elisa Grunnet, Die Bewußtseinstheorie Friedrich Schlegels, Paderborn 1994, S. 101.

114 Vgl. KA I, S. XIV, verschiedene Briefe aus den Jahren 1809-1823.

115 Vgl. KA I, S. XIV. Zitiert ist ein Brief von August Wilhelm Schlegel an Ludwig Tieck vom 15.1.1830.

116 Vgl. ebenda, S. 2.

117 Hiermit sind einige Schwerpunkte der fünfzehn Vorlesungen über die *Philosophie des Lebens* benannt. Vgl. die Inhaltsübersicht in Bd. X der KA.

118 »Es fehlt, behaupte ich, unserer Poesie an einem Mittelpunkt.« (II, 312).

119 Vgl. Brief von Dorothea Schlegel an ihre Schwester Henriette Mendelssohn, 21.5.1827, in: Briefe von und an August Wilhelm Schlegel, hrsg. von Josef Körner, Bd. 1, Zürich 1930, S. 459.

120 Mit der Enzyklika Aeterni Patris (1879) wurde die Neuscholastik als offizielle kirchliche Philosophie etabliert, Verfechter anderer Auffassungen innerhalb der Institution als Oppositionelle angesehen. Vgl. Ernst Behler, Friedrich Schlegel mit Selbstzeugnissen und Bilddokumenten, a.a.O., S. 156.

121 Briefe von und an Friedrich und Dorothea Schlegel, hrsg. von Josef Körner, Berlin 1926, S. 7.

122 Johann Gottlieb Fichte, Beitrag zur Berichtigung der Urtheile des Publicums über die französische Revolution, in: ders., Sämmtliche Werke, hrsg. von I.H. Fichte, Bd. 6, Berlin 1845, S. 90.

123 Letztere sollte ursprünglich in Niethammers angesehenem *Philosophischem Journal* erscheinen, wurde aber trotz dreimaliger Umarbeitung vom Herausgeber abgelehnt, so daß sich Schlegel 1796 entschloß, sie dem Verleger Reichardt für seine Zeitschrift *Deutsch-*

land zu überlassen, zumal dieser auch bereit war, ein Honorar zu zahlen.

124 Vgl. Helmut Schanze (Hg.), Die andere Romantik, Frankfurt/M. 1957.

125 Das ahnte Friedrich Schlegel bereits voraus: »Noch die späteste Nachwelt wird auch in diesem Denkmale die erhabene Gesinnung des ehrwürdigen Weisen bewundern.« (VII, 11)

126 »Unter den drei Staatsformen ist die der Demokratie, im eigentlichen Verstande des Worts, notwendig ein Despotism, weil sie eine exekutive Gewalt gründet, da alle über und allenfalls auch wider Einen (der also nicht mit einstimmt), mithin alle, die doch nicht alle sind, beschließen; welches ein Widerspruch des allgemeinen Willens mit sich selbst und mit der Freiheit ist.« (Immanuel Kant, Zum ewigen Frieden, in: ders., Werke, Bd. 8, hrsg. von der Preußischen Akademie der Wissenschaften, Berlin 1968, S. 352 f.)

127 Vgl. Kap. 3 dieser Einführung.

128 Schlegel zitiert im Titel der Rezension den französischen Originaltitel *Esquisse d'un tableau historique des progrès de l'esprit humain.*

129 Condorcet begründet seine Idee der »perfectibilité« der Geschichte wie folgt: »Die einzige Grundlage für die Glaubwürdigkeit der Naturwissenschaften ist die Idee, daß die allgemeinen Gesetze, welche die Erscheinungen im Universum bestimmen, ob man sie kennt oder nicht, notwendig und beständig sind; und aus welchem Grunde sollte dies Prinzip für die Entwicklung der intellektuellen und moralischen Fähigkeiten des Menschen weniger Gültigkeit haben als für die anderen Vorgänge in der Natur?« (Condorcet, Entwurf einer historischen Darstellung der Fortschritte des menschlichen Geistes, Frankfurt/M. 1976, S. 193)

130 Die Forderung nach einem »Newton« für die Geschichtsschreibung, also nach einer Person, die die Gesetze der Geschichte aus einer allgemeinen Ursache erklärt, wie es Newton für die Naturwissenschaften getan hat, findet sich auch bei: Immanuel Kant, Ideen zu einer allgemeinen Geschichte in weltbürgerlicher Absicht, in: ders., Werke, Bd. 8, a. a. O., S. 15.

131 Diese Einteilung der Schaffensphasen scheint der in Kap. 4 vorgestellten zu widersprechen. Dort ist als Ordnungskriterium die Hinwendung zum Katholizismus (1808) als Beginn des Spätwerks angegeben worden. Hier gilt der thematische Schwerpunkt als Orien-

tierung, wonach Schlegel sich in dem angegebenen Zeitraum vor allem mit historischen und danach intensiver mit philosophischen Themen im engeren Sinn beschäftigte. Daraus wird die Vorläufigkeit deutlich, die jeder Phaseneinteilung anhaftet.

132 »So hatte Schlegel sich, man könnte sagen, durch die Romantik hindurchgekämpft, und als er, bei ihren extremen Konsequenzen angelangt, ihres ungeheueren Irrtums sich bewußt wurde, war er es auch, der, noch einmal alles Große und Wahre in ihr streng zusammenfassend, sie zu ihrem Ursprung wieder zurückführte; und er hatte die Gewalt und das Recht dazu, denn er hatte sie innerlich erlebt wie kein anderer.« (Joseph von Eichendorff, Geschichte der poetischen Literatur Deutschlands, in: ders., Werke, hrsg. von A. Hillach, Bd. 3, München 1976, S. 779)

133 Heinrich Heine, Werke und Briefe, hrsg. von H. Kaufmann, Bd. 5, Berlin 1972, S. 65.

134 Diesen Ausdruck nahm z.B. Heinrich Heine zum Anlaß, Schlegel selbst als einen solchen zu bezeichnen und polemisch anzugreifen: »Fr. Schlegel nannte einst den Geschichtsforscher ›einen umgekehrten Propheten‹. Dieses Wort ist die beste Bezeichnung für ihn selbst.« (Heinrich Heine, Werke und Briefe, Bd. 5, a.a.O., S. 63)

135 Schlegel wendet das Ideal des Zyklischen z.B. auf die Philosophie an: »Die Philosophie geht noch zu sehr grade aus, ist noch nicht zyklisch genug.« (II, 171, 43)

136 Claudia Brauers, Perspektiven des Unendlichen, Berlin 1996, S. 212.

137 Vgl. Ernst Behler, Die Zeitschriften der Brüder Schlegel, Darmstadt 1983, S. 147.

138 Aus der Einleitung der *Österreichischen Zeitung*, vermutlich von Friedrich Schlegel selbst verfaßt, vgl. KA VII, S. LIX.

139 Goethe schließt sich der Kritik der Parteilichkeit dieser Vorlesungen nicht an. »Alles Partheyliche fällt mir wenig auf. Hat man es einmal zugegeben, und ist das Werk sonst gut geschrieben, so kann man wohl Vergnügen und Nutzen daraus ziehen.« (Johann Wolfgang von Goethe, Werke, Abt. IV, Bd. 22, a.a.O., S. 155)

140 Ernst Behler, Friedrich Schlegel mit Selbstzeugnissen und Bilddokumenten, a.a.O., S. 115.

141 Vgl. Ernst Behler, Die Zeitschriften der Brüder Schlegel, a.a.O., S. 113.

142 Vgl. ebenda, S. 134 f.

143 Vgl. Österreichischer Beobachter, Nr. 61, 2. 3. 1815.
144 Voller Empörung berichtet er z.B. am 21. 5. 1816, daß der Lübecker Senat ein Dekret zur Vertreibung der Juden durchgesetzt hat.
145 Die einschlägigen Forschungspositionen sind zusammengefaßt bei: Elke-Barbara Schmeier, Zur politischen Philosophie im Spätwerk Friedrich Schlegels, Frankfurt/M. 1997, S. 108 f.
146 Vgl. Bernhard von Brentano, August Wilhelm Schlegel, Frankfurt/M. 1986, S. 234 f.
147 Vgl. Jutta Osinski, Katholizismus und deutsche Literatur im 19. Jahrhundert, Paderborn u. a. 1993, S. 126.
148 Vgl. Klaus Peter, Friedrich Schlegel, a. a. O., S. 52.
149 Vgl. Jutta Osinski, Katholizismus und deutsche Literatur im 19. Jahrhundert, a. a. O., S. 134.

Literaturhinweise

1. Werkausgaben

Friedrich Schlegels sämtliche Werke, Originalausgabe, 10 Bde., Wien 1822-1825.

Friedrich von Schlegels sämtliche Werke, zweite Originalausgabe, 15 Bde., Wien 1846.

Friedrich Schlegels philosophische Vorlesungen aus den Jahren 1804-1806. Nebst Fragmenten vorzüglich philosophisch-theologischen Inhalts, hrsg. von C. H. J. Windischmann, 2 Bde., Bonn 1836 f., 2. Aufl. 1846 als Supplement zu Friedrich von Schlegels sämtlichen Werken.

Friedrich Schlegel 1794-1802. Seine prosaischen Jugendschriften, hrsg. von Jacob Minor, 2 Bde., Wien 1882.

Friedrich Schlegel Literary Notebooks 1797-1801, hrsg. von Hans Eichner, London 1957.

Kritische Friedrich-Schlegel-Ausgabe, hrsg. von Ernst Behler/Jean-Jacques Anstett/Hans Eichner, 35 Bde. in 4 Abt., Paderborn u.a. 1958 ff.

Kritische Schriften und Fragmente, Studienausgabe, 6 Bde., hrsg. von Ernst Behler/Hans Eichner, Paderborn u.a. 1988.

F. Schlegel wird zitiert nach der Kritischen Ausgabe wie folgt: Bd. in römischen Ziffern, S. in arabischen Ziffern, ggf. Fragmentnummer, ebenfalls in arabischen Ziffern. Beispiel: II, 95, 116 (= Bd. II, S. 95, Fragment Nr. 116). Alle Zitatnachweise erfolgen unmittelbar im Text. Wird in den Anmerkungen aus den jeweiligen Einleitungen der Herausgeber zitiert bzw. darauf verwiesen, so steht die Abkürzung KA vor der Band- und Seitenangabe.

2. Briefausgaben

Friedrich Schlegels Briefe an seinen Bruder August Wilhelm, hrsg. von Oskar Walzel, Berlin 1890.
Friedrich Schlegels Briefe an Frau Christine von Stransky, 2 Bde., hrsg. von Martin Rottmanner, Wien 1907/1911.
Der Briefwechsel Friedrich und Dorothea Schlegels 1818-1820, hrsg. von Heinrich Finke, München 1923.
Briefe von und an Friedrich und Dorothea Schlegel, ges. und eingel. von Josef Körner, Berlin 1926.
Briefe von und an August Wilhelm Schlegel, ges. und erl. von Josef Körner, 2 Bde., Zürich/Leipzig 1930.
August Wilhelm und Friedrich Schlegel im Briefwechsel mit Goethe und Schiller, hrsg. von Josef Körner/Ernst Wienecke, Leipzig o.J.
Ludwig Tieck und die Brüder Schlegel, hrsg. von Henri Lüdecke, Frankfurt/M. 1930.
Krisenjahre der Frühromantik. Briefe aus dem Schlegelkreis, 3 Bde., hrsg. von Josef Körner, Brünn/Wien/Leipzig 1936 (Neuausgabe Bern 1958).
Der Briefwechsel zwischen Friedrich Schlegel und Novalis, hrsg. von Max Preitz, Darmstadt 1956.

3. Sekundärliteratur

Altenhöner, Ingrid, Die Sibylle als literarische Chiffre bei Johann Georg Hamann, Friedrich Schlegel, Johann Wolfgang Goethe, Frankfurt/M. 1997.
Anstett, Jean-Jacques, Mystisches und Okkultistisches in Friedrich Schlegels spätem Denken und Glauben, in: Zeitschrift für deutsche Philologie, Heft 88, 1969 (Sonderheft Friedrich Schlegel und die Romantik), S. 132-150.
Apel, Friedmar, Von der Nachahmung zur Imagination – Wandlungen der Poetik und der Literaturkritik, in: Propyläen Geschichte der Literatur, Bd. 4: Aufklärung und Romantik 1700-1830, hrsg. von Erika Wischer, Berlin 1988.
Behler, Ernst, Friedrich Schlegel mit Selbstzeugnissen und Bilddokumenten, Reinbek 1966.

Ders., Klassische Ironie, romantische Ironie, tragische Ironie. Zum Ursprung dieser Begriffe, Darmstadt 1981.
Ders., Die Zeitschriften der Brüder Schlegel. Ein Beitrag zur Geschichte der deutschen Romantik, Darmstadt 1983.
Ders., Friedrich Schlegels Theorie der Universalpoesie, in: Friedrich Schlegel und die Kunsttheorie seiner Zeit, hrsg. von Helmut Schanze, Darmstadt 1985.
Ders., Studien zur Romantik und zur idealistischen Philosophie, 2 Bde., Paderborn 1988.
Ders., Goethes »Wilhelm Meister« und die Romantheorie der Frühromantik, in: Etudes Germaniques 44, 1989, S. 409-427.
Behrens, Klaus, Friedrich Schlegels Geschichtsphilosophie (1794-1808). Ein Beitrag zur politischen Romantik, Tübingen 1984.
Belgardt, Raimund, Romantische Poesie. Begriff und Bedeutung bei Friedrich Schlegel, Den Haag 1969.
Benjamin, Walter, Der Begriff der Kunstkritik in der deutschen Romantik, in: ders., Gesammelte Schriften, Bd. I.1, hrsg. von Rolf Tiedemann / Hermann Schweppenhäuser, Frankfurt/M. 1980.
Bohrer, Karl Heinz, Utopie Kunstwerk. Das Beispiel von Friedrich Schlegels »Rede über die Mythologie«, in: Utopieforschung, Bd. 3, hrsg. von Wilhelm Voßkamp, Stuttgart 1982, S. 303-332.
Ders., Friedrich Schlegels Rede über die Mythologie, in: Mythos und Moderne, hrsg. von Karl Heinz Bohrer, Frankfurt/M. 1983.
Brauers, Claudia, Perspektiven des Unendlichen. Friedrich Schlegels ästhetische Vermittlungstheorie, Berlin 1996.
Bräutigam, Bernd, Leben wie im Roman. Untersuchungen zum ästhetischen Imperativ im Frühwerk Friedrich Schlegels (1794-1800), Paderborn 1986.
Brentano, Bernhard von, August Wilhelm Schlegel. Geschichte eines romantischen Geistes, Frankfurt/M. 1986.
Briegleb, Klaus, Ästhetische Sittlichkeit. Versuch über Friedrich Schlegels Systementwurf zur Begründung der Dichtungskritik, Tübingen 1962.
Brinkmann, Richard (Hg.), Romantik in Deutschland. Ein interdisziplinäres Symposium, Stuttgart 1978.
Bubner, Rüdiger, Zur dialektischen Bedeutung romantischer Ironie, in: Die Aktualität der Frühromantik, hrsg. von Ernst Behler / Jochen Hörisch, Paderborn 1987, S. 85-95.

Bullock, Marcus Paul, Romanticism and Marxism. The Philosophical Development of Literary Theory and Literary History in Walter Benjamin and Friedrich Schlegel, New York 1987.

Busse, Günther, Romantik. Personen, Motive, Werke, Freiburg/Br. 1982.

Choi, Moon-Gyo, Sinnidentität und Sinndifferenz zwischen Poesie und Geschichtsphilosophie. Eine Studie zu Friedrich Schlegels poetologischen Schriften, Bielefeld 1990.

Condorcet, Entwurf einer historischen Darstellung der Fortschritte des menschlichen Geistes, hrsg. von Wilhelm Alff, Frankfurt/M. 1976.

Curtius, Ernst Robert, Friedrich Schlegel und Frankreich, in: ders., Kritische Essays zur europäischen Literatur, 2. Aufl., Bern 1954, S. 86-99.

Damm, Sigrid (Hg.), Begegnung mit Caroline. Briefe von Caroline Schlegel-Schelling, Leipzig 1979.

Dannenberg, Matthias, Schönheit des Lebens. Eine Studie zum »Werden« der Kritikkonzeption Friedrich Schlegels, Würzburg 1993.

Dierkes, Hans, Literaturgeschichte als Kritik. Untersuchungen zu Theorie und Praxis von Friedrich Schlegels frühromantischer Literaturgeschichtsschreibung, Tübingen 1980.

Dilthey, Wilhelm, Leben Schleiermachers, Bd. 1 (1870), in: ders., Gesammelte Schriften, hrsg. von Martin Redeker, Göttingen 1970.

Dischner, Gisela, Friedrich Schlegels Lucinde und Materialien zu einer Theorie des Müßiggangs, Hildesheim 1980.

Domoradzki, Eva, Und alle Fremdheit ist verschwunden. Status und Funktion des Weiblichen im Werk Friedrich Schlegels. Zur Geschichtlichkeit einer Denkform, Innsbruck 1992.

Eichendorff, Joseph von, Werke, nach den Ausgaben letzter Hand hrsg. von Ansgar Hillach, München 1970f.

Eichner, Hans, Friedrich Schlegel, New York 1970.

Elsässer, Michael, Friedrich Schlegels Kritik am Ding, Hamburg 1994.

Enders, Carl, Friedrich Schlegel. Die Quellen seines Wesens und Werdens, Leipzig 1913.

Fichte, Johann Gottlieb, Sämmtliche Werke, hrsg. von Immanuel Hartmann Fichte, 8 Bde., Berlin 1845f.

Finlay, Marike, The Romantic Irony of Semiotics. Friedrich Schlegel and the Crisis of Representation, Berlin 1988.

Flemmer, Ursula, »Wissende Teilhabe« als Grundkategorie einer pädago-

gischen Interesse-Theorie. Dargestellt an den Werken von Hegel, Schiller, W. v. Humboldt, F. Schlegel, Kierkegaard, München 1987.
Frank, Manfred, Das »fragmentarische Universum« der Romantik, in: Fragment und Totalität, hrsg. von Lothar Dällenbach u.a., Frankfurt/M. 1984.
Ders., Stil in der Philosophie, Stuttgart 1992.
Gadamer, Hans-Georg, Wahrheit und Methode, Tübingen 1975.
Gockel, Heinz, Friedrich Schlegels Theorie des Fragments, in: Romantik. Ein literaturwissenschaftliches Studienbuch, hrsg. von Ernst Ribbat, Königstein/Ts. 1979, S. 23-35.
Goethe, Johann Wolfgang/Schiller, Friedrich, Briefwechsel, hrsg. von Wilhelm Vollmer, Stuttgart 1881.
Goethe, Johann Wolfgang, Werke, hrsg. i.A. der Großherzogin Sophie von Sachsen, 143 Bde. in 4 Abt., Weimar 1896-1919 (= Weimarer Ausgabe).
Grosse-Brockhoff, Annelen, Das Konzept des Klassischen bei Friedrich und August Wilhelm Schlegel, Köln/Wien 1981.
Grunnet, Sanne Elisa, Die Bewußtseinstheorie Friedrich Schlegels, Paderborn 1994.
Günzel, Klaus, Romantikerschicksale. Gestalten einer Epoche, Berlin 1988.
Härtl, Heinz, Athenäum-Polemiken, in: Debatten und Kontroversen. Literarische Auseinandersetzungen in Deutschland am Ende des 18. Jahrhunderts, Bd. 2, hrsg. von Hans D. Dahnke/Bernd Leistner, Berlin 1989.
Heine, Heinrich, Werke und Briefe, 10 Bde., hrsg. von Hans Kaufmann, Berlin 1972.
Heine, Roland, Transzendentalpoesie. Studien zu Friedrich Schlegel, Novalis und E.T.A. Hoffmann, Bonn 1974.
Heiner, Hans-Joachim, Das Ganzheitsdenken Friedrich Schlegels. Wissenssoziologische Deutung einer Denkform, Stuttgart 1971.
Heinrich, Gerda, Geschichtsphilosophische Positionen der deutschen Frühromantik, Kronberg/Ts. 1977.
Heselhaus, Clemens, Die Wilhelm Meister-Kritik der Romantiker und die romantische Romantheorie, in: Nachahmung und Illusion, hrsg. von Hans Robert Jauß, München 1964, S. 113-127.
Hillebrand, Bruno, Theorie des Romans, 2. Aufl., München 1980.

Hillmann, Heinz, Bildlichkeit der deutschen Romantik, Frankfurt/M. 1971.

Horstmann, Rolf-Peter, Die Grenzen der Vernunft. Eine Untersuchung zu Zielen und Motiven des Deutschen Idealismus, Frankfurt/M. 1991.

Huch, Ricarda, Die Romantik. Blütezeit, Ausbreitung, Verfall, Tübingen 1951.

Huge, Eberhard, Poesie und Reflexion in der Ästhetik des frühen Friedrich Schlegel, Stuttgart 1971.

Immerwahr, Raymond, Die Subjektivität oder Objektivität von Friedrich Schlegels poetischer Ironie, in: Friedrich Schlegel und die Kunsttheorie seiner Zeit, hrsg. von Helmut Schanze, Darmstadt 1985.

Jamme, Christoph/Schneider, Helmut (Hg.), Mythologie der Vernunft. Hegels »ältestes Systemprogramm« des deutschen Idealismus, Frankfurt/M. 1984.

Jauß, Hans Robert, Schlegels und Schillers Replik auf die »Querelle des Anciens et des Modernes«, in: ders., Literaturgeschichte als Provokation, Frankfurt/M. 1970.

Kant, Immanuel, Werke, Akademie-Textausgabe, hrsg. von der Preußischen Akademie der Wissenschaften, Berlin 1968.

Klin, Eugenius, Das Problem der Emanzipation in Friedrich Schlegels „Lucinde“, in: Weimarer Beiträge, 1963, S. 98.

Korte, Petra, Projekt Mensch – »Ein Fragment aus der Zukunft«. Friedrich Schlegels Bildungstheorie, Münster 1992.

Kraus, Gerhard, Naturpoesie und Kunstpoesie im Frühwerk Friedrich Schlegels, Erlangen 1985.

Lenk, Hans, Philosophie und Interpretation. Vorlesungen zur Entwicklung konstruktionistischer Interpretationsansätze, Frankfurt/M. 1993.

Lenk, Kurt, Deutscher Konservatismus, Frankfurt/M./New York 1989.

Lessing, Gotthold Ephraim, Werke, hrsg. von Herbert G. Göpfert, 8 Bde., München 1970ff.

Lönne, Karl-Egon, Politischer Katholizismus im 19. und 20. Jahrhundert, Frankfurt/M. 1986.

Mayer, Hans, Fragen der Romantikforschung, in: ders., Zur deutschen Klassik und Romantik, Pfullingen 1963.

Mennemeier, Franz Norbert, Friedrich Schlegels Poesiebegriff, dargestellt anhand der literaturkritischen Schriften. Die romantische Konzeption einer objektiven Poesie, München 1971.

Menninghaus, Winfried, Unendliche Verdopplung. Die frühromantische Kunsttheorie im Begriff absoluter Selbstreflexion, Frankfurt/M. 1987.

Michel, Willy, Ästhetische Hermeneutik und frühromantische Kritik, Göttingen 1982.

Neumann, Gerhard, Ideenparadiese. Untersuchungen zur Aphoristik von Lichtenberg, Novalis, Friedrich Schlegel und Goethe, München 1976.

Nietzsche, Friedrich, Sämtliche Werke. Kritische Studienausgabe in 15 Einzelbüchern, hrsg. von Giorgio Colli/Mazzino Montinari, München 1980.

Nivelle, Armand, Frühromantische Dichtungstheorie, Berlin 1970.

Novalis, Schriften. Die Werke Friedrich von Hardenbergs, begründet von Paul Kluckhohn und Richard Samuel, hrsg. von Richard Samuel in Zusammenarbeit mit Hans-Joachim Mähl/Gerhard Schulz, 4 Bde. und 1 Begleitband, 2., nach den Handschriften erg., erw. und verb. Aufl., Stuttgart/Darmstadt 1960-1988.

Nüsse, Heinrich, Die Sprachtheorie Friedrich Schlegels, Heidelberg 1962.

Osinski, Jutta, Katholizismus und deutsche Literatur im 19. Jahrhundert, Paderborn u.a. 1993.

Paulin, Roger, Ludwig Tieck. Eine literarische Biographie, München 1988.

Peter, Klaus, Friedrich Schlegel, Stuttgart 1978.

Ders. (Hg.), Romantikforschung seit 1945, Königstein/Ts. 1980.

Ders., Stadien der Aufklärung. Moral und Politik bei Lessing, Novalis und Friedrich Schlegel, Wiesbaden 1980.

Ders., »Romantik«, in: Geschichte der deutschen Literatur, Bd. 2: Von der Aufklärung bis zum Vormärz, hrsg. von Ehrhard Bahr, Tübingen 1988, S. 327-409.

Portmann-Tinguely, Albert, Romantik und Krieg, Freiburg/Schweiz 1989.

Reich-Ranicki, Marcel, Der romantische Prophet. Anmerkungen zu Friedrich Schlegels Literaturkritik, Erlangen 1993.

Rohs, Peter, Johann Gottlieb Fichte, München 1991.

Rousseau, Jean-Jacques, Emil oder Über die Erziehung, in neuer deutscher Fassung besorgt von Ludwig Schmidts, Paderborn 1978.

Samuel, Richard, Friedrich Schlegel's and Friedrich von Hardenberg's Love Affairs in Leipzig. A Contribution to their Biographies, in: Festschrift for Ralph Farrell, hrsg. von Anthony Stephens u.a., Bern 1977, S. 47-56.

Schanze, Helmut (Hg.), Die andere Romantik. Eine Dokumentation, Frankfurt/M. 1957.

Ders., Romantik und Aufklärung. Untersuchungen zu Friedrich Schlegel und Novalis, Nürnberg 1966 (2. Aufl. 1976).

Ders. (Hg.), Friedrich Schlegel und die Kunsttheorie seiner Zeit, Darmstadt 1985.

Schelling, Friedrich Wilhelm Joseph, Sämmtliche Werke, hrsg. von Karl Friedrich August Schelling, Stuttgart/Augsburg 1856 ff.

Scheuner, Ulrich, Der Beitrag der deutschen Romantik zur politischen Theorie, Opladen 1980.

Schiller, Friedrich, Werke, hrsg. von Norbert Oellers/Frithjof Stock, Weimar 1977 (Nationalausgabe).

Schlaffer, Hannelore, Friedrich Schlegels Geschichtsphilosophie der Restauration, in: Studien zum ästhetischen Historismus, hrsg. von Hannelore Schlaffer/Heinz Schlaffer, Frankfurt/M. 1975, S. 48-54.

Schmeier, Elke-Barbara, Zur politischen Philosophie im Spätwerk Friedrich Schlegels. Die Aushöhlung des sittlichen Fundaments durch den Liberalismus, Frankfurt/M. 1997.

Schmidt, Thomas E., Die Geschichtlichkeit des frühromantischen Romans. Literarische Reaktionen auf Erfahrungen eines kulturellen Wandels, Tübingen 1989.

Scholz, Hannelore, Widersprüche im bürgerlichen Frauenbild. Zur ästhetischen Reflexion und poetischen Praxis bei Lessing, Friedrich Schlegel und Schiller, Weinheim 1992.

Sørensen, Bengt Algot, Symbol und Symbolismus in den ästhetischen Theorien des 18. Jahrhunderts und der deutschen Romantik, Kopenhagen 1963.

Specht Jarvis, Roland H., Die Ausbildung des literarischen Diskurses Friedrich Schlegels zur Zeit der Herausgabe des Athenäums im Spannungsverhältnis zur Entwicklung der Bildungsinstitutionen am Beginn des 19. Jahrhunderts, Bochum 1988.

Stern, Carola, »Ich möchte mir Flügel wünschen«. Das Leben der Dorothea Schlegel, Reinbek 1991.

Strohschneider-Kohrs, Ingrid, Die romantische Ironie in Theorie und Gestaltung, 2. Aufl., Tübingen 1977.

Summerer, Stefan, Wirkliche Sittlichkeit und ästhetische Revolution. Die Fichterezeption in den Fragmenten und Aufzeichnungen Friedrich Schlegels und Hardenbergs, Bonn 1974.

Szondi, Peter, Poetik und Geschichtsphilosophie, 2 Bde., Frankfurt/M. 1980.

Timm, Hermann, Die heilige Revolution. Das religiöse Totalitätskonzept der Frühromantik. Schleiermacher – Novalis – Friedrich Schlegel, Frankfurt/M. 1978.

Varnhagen von Ense, Karl August, Werke, 5 Bde., hrsg. von Konrad Feilchenfeldt, Frankfurt/M. 1987 ff.

Vietta, Silvio (Hg.), Die literarische Frühromantik, Göttingen 1983.

Wanning, Berbeli, Novalis zur Einführung, Hamburg 1996.

Weber, Heinz Dieter, Friedrich Schlegels »Transzendentalpoesie«, München 1973.

Weiland, Werner, Der junge Friedrich Schlegel oder die Revolution in der Frühromantik, Stuttgart 1968.

Wienbruch, Ulrich, Das Universelle Experiment. Eine Untersuchung zum Verständnis der Liebe bei Friedrich Schlegel, Diss., Köln 1964.

Winckelmann, Johann Joachim, Werke in einem Band, hrsg. von Helmut Holtzhauer, Berlin/Weimar 1969.

Wuthenow, Ralph-Rainer, Revolution und Kirche im Denken Friedrich Schlegels, in: Deutscher Katholizismus und Revolution im frühen 19. Jahrhundert, hrsg. von Anton Rauscher, München 1975.

Yoon, Tae Won, Der Symbolcharakter der neuen Mythologie im Zusammenhang mit der kritischen Funktion der romantischen Ironie bei Friedrich Schlegel, Frankfurt/M. 1996.

Zeuch, Ulrike, Das Unendliche – Höchste Fülle oder Nichts? Zur Problematik von Friedrich Schlegels Geist-Begriff und dessen geistesgeschichtlichen Voraussetzungen, Würzburg 1991.

Zovko, Jure, Verstehen und Nichtverstehen bei Friedrich Schlegel. Zur Entstehung und Bedeutung seiner hermeneutischen Kritik, Stuttgart 1990.

Zeittafel

1772 Am 10. März wird Carl Wilhelm Friedrich Schlegel in Hannover geboren.

1788-89 Kaufmannslehre im Bankhaus Schlemm in Leipzig (abgebrochen), Vorbereitung auf ein akademisches Studium in Hannover.

1790 Studium der Rechtswissenschaften in Göttingen. Dort studiert August Wilhelm Schlegel Philologie.

1791 Fortsetzung des Studiums in Leipzig, zusätzlich Philosophie und Geschichte.

1792 Beginn der Freundschaft mit Friedrich von Hardenberg (Novalis), erste Begegnung mit Friedrich Schiller.

1793 Bekanntschaft mit Caroline Böhmer, der späteren Ehefrau August Wilhelm Schlegels.

1794 Abbruch des Jurastudiums, Umzug nach Dresden, Privatstudien zur griechischen Literatur- und Kulturgeschichte, der Aufsatz *Von den Schulen der griechischen Poesie* erscheint.

1795 Bekanntschaft mit Johann Friedrich Reichardt.

1796 Umzug nach Jena zu seinem Bruder im Sommer, Mitarbeit an Reichardts Zeitschrift *Deutschland*, Bekanntschaft mit Johann G. Fichte, Johann W. Goethe, Johann G. Herder und Christoph M. Wieland, Streit mit Friedrich Schiller, Erscheinen der Aufsätze *Über den Begriff des Republikanismus* und *Jacobis Woldemar.*

1797 Umzug nach Berlin, Besuch der Salons von Rahel Levin, Kennenlernen von Henriette Herz und Dorothea Veit, Freundschaft mit Ludwig Tieck und Friedrich Daniel Schleiermacher. Mitarbeit an Reichardts Zeitschrift *Lyceum*. Es erscheinen die Charakteristiken über *Georg Forster* und *Über Lessing* sowie der Band *Die Griechen und Römer. Historische und kritische Versuche über das klassische Altertum*, darin der richtungsweisende Aufsatz *Ueber das Studium der Griechischen Poesie* sowie *Über die Diotima*.

1798 Herausgabe der Zeitschrift *Athenaeum*, zusammen mit August Wilhelm Schlegel. Sommeraufenthalt in Dresden, dort Treffen mit seinem Bruder und Caroline Schlegel, Novalis, Johann G. Fichte und Friedrich W. J. Schelling.

1799 Scheidung der Ehe von Dorothea und Simon Veit, Umzug nach Jena, dort Treffen des Frühromantikerkreises. Im Herbst erscheint der Roman *Lucinde*.

1800 Habilitation an der Universität Jena, dort Vorlesung zur Transzendentalphilosophie, das letzte Heft des *Athenaeums* erscheint.

1801 Aufenthalt in Weißenfels bis zu Novalis' Tod am 25. März, Übersiedlung nach Berlin im April, dort enge Kontakte zu Rahel Levin. Es erscheint die Aufsatzsammlung *Charakteristiken und Kritiken*.

1802 Im Januar Umzug nach Dresden, im Mai nach Leipzig. Aufführung des *Alarcos* in Weimar, Umzug nach Paris. Schlegel hält Vorlesungen über deutsche Literatur und Philosophie.

1803 Gründung der Zeitschrift *Europa*, Beginn des Sanskritstudiums, Vorlesungen über die *Geschichte der europäischen Literatur*.

1804 Heirat mit Dorothea im April. Reise mit den Gebrüdern Boisserée über Belgien nach Köln, dort literaturwissenschaftliche und philosophische Vorlesungen. Zum Jahresende mehrwöchiger Aufenthalt bei August Wilhelm Schlegel und Mme. de Staël in Coppet am Genfer See.

1805 Kölner Vorlesungen über Universalgeschichte. Letztes Heft der *Europa* erscheint.

1806 Private Vorlesungen über Transzendentalphilosophie, Besuch bei Mme. de Staël in der Normandie.

1807 Kölner Vorlesungen *Über deutsche Sprache und Literatur*.

1808 Der Aufsatz *Über Sprache und Weisheit der Indier* erscheint. Konversion zum katholischen Glauben im April, im Juni Umzug nach Wien über Zwischenaufenthalte in Dresden und Weimar.

1809 Ernennung zum Hofsekretär bei der Armeehofkommission in Wien, Gründung der *Österreichischen Zeitung*, Teilnahme an den Schlachten von Aspern und Wagram im Stab des Erzherzogs Karl, von August bis Dezember mit dem Heer in Ungarn.

1810 Vorlesung *Über die neuere Geschichte* in Wien (gedruckt 1811), Gründung des *Österreichischen Beobachters*.

1812 Vorlesungen über die *Geschichte der alten und neuen Literatur* (gedruckt 1815), Herausgabe der Zeitschrift *Deutsches Museum.*

1813 Schlegel wird von Metternich beauftragt, Verfassungsentwürfe für den Deutschen Bund auszuarbeiten.

1814 Durch verschiedene politische Schriften Teilnahme am Wiener Kongreß.

1815 Verleihung des Christusordens durch den Papst. Ernennung zum k.k. Legationsrat durch Metternich, als solcher Abgesandter im Frankfurter Bundestag (bis zur Abberufung 1818). Erhebung in den Adelsstand.

1818 Rheinreise mit August Wilhelm Schlegel, Besuch in München bei F.W.J. Schelling und Friedrich Heinrich Jacobi, Treffen mit Kronprinz Ludwig von Bayern.

1819 Italienreise als Begleiter von Kaiser Franz und Metternich.

1820 Erscheinen der Zeitschrift *Concordia*, darin die Aufsätze *Von der Seele* und *Signatur des Zeitalters*, Begründung der spätromantischen Schule mit Adam Müller, Franz von Baader und Zacharias Werner.

1823 Das letzte Heft der *Concordia* erscheint, Beginn der Arbeiten an der Publikation der Gesamtausgabe (Abbruch nach dem 10. Bd. 1825)

1827 Reisen nach Augsburg und München, endgültiges Zerwürfnis mit August Wilhelm Schlegel, Vorlesungen über die *Philosophie des Lebens* in Wien (gedruckt 1828).

1828 Vorlesungen über die *Philosophie der Geschichte* (gedruckt 1829), ab Dezember Aufenthalt in Dresden, dort Treffen mit L. Tieck. Vorlesungen über die *Philosophie der Sprache und des Wortes.*

1829 Schlegel stirbt in der Nacht zum 12. Januar in Dresden.

Berbeli Wanning, geboren 1959, Studium der Fächer Philosophie, Germanistik und Pädagogik an den Universitäten Hannover und Paris (Panthéon-Sorbonne), 1988 Promotion mit einer Arbeit zur Kunstphilosophie Schellings, 1989 Zweites Staatsexamen für das höhere Lehramt, danach Tätigkeit als Gymnasiallehrerin, von 1992 bis 1996 wissenschaftliche Mitarbeiterin am Fachbereich Literatur- und Sprachwissenschaften der Universität Hannover, seitdem wissenschaftliche Assistentin am Fachbereich Philologie der Westfälischen Wilhelms-Universität Münster. Veröffentlichungen und Vorträge zur philosophischen Ästhetik, zur neueren deutschen Literatur (Goethe, Novalis, Tieck, C. F. Meyer) und zur literarischen Gattungstheorie. Autorin des Bandes *Novalis zur Einführung*.

In der Reihe »Grosse Denker - Eine Einführung« sind lieferbar:

Ernst Bloch
von Detlef Horster
3-926642-52-1

Giordano Bruno
von Anne Eusterschulte
3-926642-53-X

Europäische Mystik
von Gerhard Wehr
3-926642-54-8

Gnosis
von Julia Iwersen
3-926642-55-6

Jesus
von Peter Antes
3-926642-56-4

Lao-Tzu
von Florian C. Reiter
3-926642-57-2

Friedrich Schlegel
von Berbeli Wanning
3-926642-60-2

Georg Lukács
von Rüdiger Dannemann
3-926642-58-0

Montesquieu
von Michael Hereth
3-926642-59-9

Herbert Marcuse
von H. Brunkhorst/G. Koch
3-926642-61-0

Blaise Pascal
von Eduard Zwierlein
3-926642-62-9

Plotin
von Susanne Möbuß
3-926642-63-7

Die Sophisten
von Bernhard H.F. Taureck
3-926642-64-5

Die Vorsokratiker
von Carl-Friedrich Geyer
3-926642-65-3

Simone Weil
von Heinz Abosch
3-926642-66-1

Carl Friedrich von Weizsäcker
von Michael Drieschner
3-926642-67-X

Erich Fromm
von Helmut Wehr
3-926642-68-8

Hans Jonas
von Franz Josef Wetz
3-926642-69-6

In der Reihe »MEISTERDENKER« sind lieferbar:

Immanuel Kant
von Roger Scruton
3-926642-43-2

Friedrich Nietzsche
von Michael Tanner
3-926642-45-9

Martin Heidegger
von Michael Inwood
3-926642-46-7

Ludwig Wittgenstein
von A.C. Grayling
3-926642-47-5

Karl Marx
von Iring Fetscher
3-926642-48-3

Aristoteles
von Thomas Buchheim
3-926642-49-1

Augustinus
von Wilhelm Geerlings
3-926642-51-3

Platon
von Michael Bordt
3-926642-50-5

Georg Wilhelm Friedrich Hegel
von Martin Gessmann
3-926642-44-0